ÉTAT MONASTIQUE DE BÉZIERS
AVANT 1789

NOTICES
SUR LES
ANCIENS COUVENTS D'HOMMES & DE FEMMES
D'APRÈS DES DOCUMENTS ORIGINAUX

PAR
M. ANTONIN SOUCAILLE
CORRESPONDANT DU MINISTÈRE DE L'INSTRUCTION PUBLIQUE
SECRÉTAIRE DE LA SOCIÉTÉ ARCHÉOLOGIQUE, SCIENTIFIQUE ET LITTÉRAIRE DE BÉZIERS
OFFICIER D'ACADÉMIE

Mémoire couronné par l'Académie des Sciences, Inscriptions et Belles-Lettres de Toulouse

BÉZIERS
IMPRIMERIE GÉNÉRALE SAPTE ET CHAVARDÈS
Rue d'Envedel, 18
1889

ÉTAT MONASTIQUE DE BÉZIERS

AVANT 1789

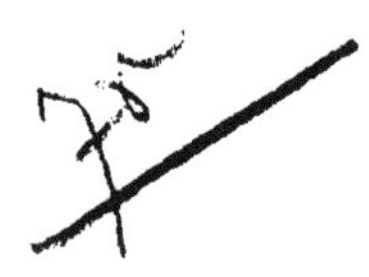

ÉTAT MONASTIQUE DE BÉZIERS
AVANT 1789

NOTICES

SUR LES

ANCIENS COUVENTS D'HOMMES & DE FEMMES

D'APRÈS DES DOCUMENTS ORIGINAUX

PAR

M. ANTONIN SOUCAILLE

CORRESPONDANT DU MINISTÈRE DE L'INSTRUCTION PUBLIQUE

SECRÉTAIRE DE LA SOCIÉTÉ ARCHÉOLOGIQUE, SCIENTIFIQUE ET LITTÉRAIRE DE BÉZIERS

OFFICIER D'ACADÉMIE

Mémoire couronné par l'Académie des Sciences, Inscriptions et Belles-Lettres de Toulouse

BÉZIERS

IMPRIMERIE GÉNÉRALE SAPTE ET CHAVARDÈS

Rue d'Envedel, 18

1889

ACADÉMIE DES SCIENCES, INSCRIPTIONS

ET BELLES-LETTRES DE TOULOUSE

Séance publique du 5 juin 1887

. . . .

Le mémoire portant la devise : « Par sit fortuna labori », *Etat monastique de Béziers avant 1789*, a sérieusement attiré l'attention de l'Académie. C'est une série de notices concernant quinze couvents ou chapitres d'hommes, six couvents de femmes, neuf confréries d'hommes et trois confréries de femmes de la ville de Béziers. C'est un bon et sérieux travail fait à peu près exclusivement d'après les documents originaux et dont les éléments sont empruntés aux archives de l'Hérault, celles de la ville et de l'hôpital de Béziers. L'ouvrage est écrit sans prétention, avec clarté et une parfaite loyauté de recherches. L'auteur se laisse constamment guider par les textes, dont il résume, analyse ou publie un assez grand nombre, de valeur inégale, mais toujours utiles comme matériaux d'étude. L'œuvre, telle qu'elle est, forme un complément très utile, et aux articles du *Gallia Christiana*, et aux notices sur les établissements religieux de la ville de Béziers publiées dans la dernière édition de l'*Histoire de Languedoc*. L'impression en est désirable et les érudits locaux y puiseront des informations précieuses.....

L'Académie décerne à son auteur, M. Antonin Soucaille, de Béziers, correspondant du ministère de l'Instruction publique, une médaille de trois cents francs (1).

Extrait du rapport lu par M. Antoine (Ferdinand), professeur à la Faculté des lettres de Toulouse et Membre de l'Académie.

(1) Rapporteur spécial M. Roschach.

ÉTAT MONASTIQUE DE BÉZIERS

AVANT 1789.

NOTICES SUR LES ANCIENS COUVENTS

D'HOMMES ET DE FEMMES

D'APRÈS DES DOCUMENTS ORIGINAUX

> Les moines au Moyen-âge pionniers de la civilisation.

Il fut un temps où notre pays vit les ordres monastiques se multiplier. Pas n'est besoin d'insister sur les avantages que procura aux populations cet épanouissement de la vie religieuse. Que de misères et de souffrances se sont réfugiées à l'ombre du cloître où elles trouvaient des consolations et des adoucissements qu'en vain elles auraient cherchés ailleurs ! Non seulement les grandes agglomérations, mais des centres modestes, d'humbles localités accueillirent avec bonheur des représentants de la vie cénobitique. Cette hospitalité fut aussi largement payée qu'elle avait été généreusement accordée. Elle donna le branle, est-on en droit de dire? à un accroissement et à une prospérité dont nul homme de bonne foi ne contestera la réalité. Le vent de la tempête furieuse a eu beau souffler des quatre coins de l'espace, il n'a pas emporté le souvenir profond de tant de bienfaits enté sur une juste reconnaissance.

Je me propose de faire connaître quelle a été la situation des divers couvents fondés dans notre ville au temps passé, du moins autant que le permettront les documents peu respectés du temps que j'ai pu recueillir, dans les archives tant municipales que départementales, et dont beaucoup auront leur place dans ce travail. Quelques-unes de ces esquisses paraîtront peut-être incomplètes, mais le meilleur historien ne peut donner que ce qu'il a. La tradition nous enseigne que les titres des communautés régulières et séculières furent une première fois brûlés pendant les guerres de religion et de nouveau détruits et dispersés par la fureur révolutionnaire (1).

La ville de Béziers ne se montra pas moins favorable que les autres aux institutions monastiques. Les faits, au besoin, sont là pour le prouver. Nombreuses furent les congrégations soit d'hommes, soit de femmes, auxquelles fut acquis parmi nous le droit de cité. Ici, nous trouvons les Dominicains, les Frères minenrs, les Templiers et les Hospitaliers de Saint-Jean de Jérusalem, les Pères de la Mercy, les Carmes, les Augustins, les Capucins, les Jésuites, les Minimes, les Chapelains du Saint-Esprit, les Antonins, les Chanoines réguliers de Saint-Jacques, de Saint-Nazaire, et de Saint-Aphrodise, les Prêtres de la Mission; là, nous rencontrons les religieuses de Sainte Claire, du Saint-Esprit, de Sainte-Ursule, de Sainte-Marie, de l'hôpital Mage, de Saint-Vincent de Paul ou Filles de la Charité. A côté de ces communautés pieuses, vivaient des confréries d'hommes sous l'habit de *pénitent* et plusieurs associations de femmes dont les annales complèteront ce travail.

L'existence de ces congrégations religieuses était rappelé naguère par le nom que portaient les rues où se trouvaient

(1) La loi du 12 juillet 1790 supprima les couvents et abbayes.

leurs établissements. Aujourd'hui, il n'y a plus de rue Saint Dominique, plus de rue des Récollets ou des Carmes; d'autres dénominations leur ont été substituées. Hâtons-nous de recueillir les épaves de ce naufrage d'un nouveau genre et de retenir au passage quelques marques de souvenir de ces asiles religieux avant que le temps, dans sa marche vertigineuse, n'en emporte les derniers vestiges.

COUVENTS D'HOMMES

Les Dominicains ou Frères Prêcheurs

Les Dominicains ou Frères Prêcheurs eurent pour père l'espagnol saint Dominique, né à 1170, à Calahorra, bourg de la Vieille-Castille. Leur premier couvent fut fondé en France, en 1215, à Toulouse, proche la porte de Narbonne ; le deuxième fut bâti, en 1218, à Paris, rue Saint-Jacques, d'où les Dominicains prirent chez nous le nom de *Jacobins*. Ils furent approuvés par le pape Honorius III, le 22 décembre 1216. La prédication de l'Evangile, la conversion des hérétiques, la défense de la foi, la propagation du christianisme, telle était leur fin principale. Venu dans le Languedoc, Dominique, dont la foi était vive, ressentit une indicible douleur en voyant les maux issus de l'hérésie toujours grandissante des Albigeois, les graves atteintes portées par elle aux croyances religieuses ; et, mettant au service de la vérité chrétienne son zèle et ses forces d'apôtre, il se livra à des efforts incessants, ne ménageant point ses courses, pour combattre ces doctrines subversives avec les moyens que lui suggérait le livre des Evangiles qu'il avait toujours avec lui : la douceur, la prudence, la prière, l'exemple, la foi.

Les Dominicains portaient une robe blanche avec un scapulaire et un capuchon de même couleur. Hors de la maison, ils mettaient un manteau noir auquel était attaché un capuchon également noir. Ils faisaient usage de la laine au lieu de linge, pratiquaient une pauvreté rigoureuse, observaient des jeûnes presque continuels, au moins depuis le 14 septembre jusqu'à Pâques, s'abstenaient de la viande en tout temps et gardaient un silence perpétuel. Un rosaire ou chapelet, dont l'institution remonte à leur fondateur, était suspendu à leur ceinture et leur servait de marque distinctive.

L'ordre des Dominicains devint très florissant en France et c'est dans la prédication contre les erreurs des hérétiques albigeois qu'il puisa, semble-t-il, cette sève et cette fécondité par lesquelles il s'éleva au degré de prospérité qui lui était réservée.

Béziers, ancien foyer de l'hérésie albigeoise, était naturellement désigné pour être le siège d'un couvent de Dominicains. Ce fut en 1242 que, selon Bernard Gui, un de leurs annalistes, ils vinrent y planter leur tente. En 1247, le roi Louis IX leur concéda, par un acte daté du jour de Saint-Mathieu (24 février) l'emplacement de son château démoli et ruiné avec toutes les terres en dépendant. Voici le titre et l'acte de mise en possession :

Nouerint uniuersi presentes litteras inspecturi quod, nos Joannes de Crannis, miles, senescallus Carcassonensis, Bitterensis, de mandato domini regis Francorum nobis facto per Robertum Scancionem, servientem domini regis, posuimus in possessionem platee castri destructi de Bitteris fratrem Petrum de Arelate et fratrem Bernardum de Rocossello, de ordine Prœdicatorum, nomine totius ordinis predicti, ad faciendum ibi ecclesiam, seu monasterium et mansionem. In cuius rei testimonium presentes litteras sigilli nostri munimine fecimus roborari. Actum apud Bitterras anno ab Incarnatione Domini millesimo ducentesimo quadragesimo septimo in die Sancti Mathie apostoli (1).

Sur ce terrain, „ le point le plus élevé de la ville „ de ce côté, les Frères Prêcheurs édifièrent „ une grande et belle esglise, cloistre et habitation assortie de tous les meubles nécessaires pour la commodité des religieux. Ils acquirent en outre plusieurs maisons et terres avoisinantes (2).

Ici la pénurie des documents m'oblige de faire un emprunt aux notes des nouveaux éditeurs de l'*Histoire générale de Languedoc :*

Ils (les Dominicains) avaient une certaine étendue de terrain qui leur servait de paroisse et constituait une partie de leur revenu ; ils veillaient soigneusement à ce qu'aucune église ne vînt, dans l'étendue de ce domaine, leur faire pour ainsi dire concurrence (bulle de Clément IV). Un champ inculte, situé près de leur jardin, servait de lieu de réunion aux habitants des environs ; le prieur Engueneuse demanda et obtint du sénéchal la clôture de ce lieu sous prétexte que les hommes et les femmes s'y conduisaient indécemment (inhoneste) — acte de février 1277. — Mais leurs exigences se firent jour surtout au XIVe siècle, pendant la guerre des Anglais ; alors que toutes les villes du Midi détruisaient leurs faubourgs et s'entouraient de murailles, seuls les Dominicains refusèrent de subir le sort commun des autres habitants. Leur couvent, placé le long des nouveaux remparts, gênait singulièrement la défense, empêchait la surveillance de cette partie de l'enceinte et interrompait les communications ; les consuls prennent sur eux d'en faire démolir une partie ; réclamation des religieux qui allèguent leurs privilèges ; ils se plaignen à Guillaume de Flavacourt, archevêque d'Auch, lieutenant du roi en Languedoc, qui, le danger passé, enjoint, le 20 septembre 1347, aux consuls de Béziers de réparer les dommages occasionnés aux Frères Prêcheurs. De tels ordres furent exécutés sans délai. Le couvent fut rebâti « avec son enclos ou estoient oliuette, feratjal, pattus. . . . et très beau. »

(1) Archives municipales, copie sur papier. Publié dans la *Gallia Christiana* et l'*Histoire de Languedoc*.

(2) Un acte du 15 avril 1348 qualifie saint Louis de « patron et fondateur du couvent ».

En même temps, ils font éloigner le marché aux cuirs dont l'odeur les incommodait (acte de 1345) (1), supprimer une forge dont le bruit interrompait leurs méditations pieuses (acte de 1354). Le roi Philippe VI, son fils Jean, leur accordèrent des lettres d'amortissement, et le comte d'Armagnac, en 1357, le duc d'Anjou, en 1372, les prirent sous leur protection et sauvegarde. Endommagé pourtant pendant la guerre, leur couvent avait besoin de réparations ; le même duc d'Anjou leur donna quarante sous d'or, en 1366, pour les aider dans cette entreprise; la vicomtesse de Narbonne, Tiburgie, leur légua, en 1420, cent quatre setiers de froment, et Benoît XIII leur accorda cinq cents florins d'or à prendre sur les legs restés sans destination dans le diocèse de Béziers. La dédicace de leur nouvelle église eut lieu en 1453 et quarante jours d'indulgence furent promis à tous ceux qui la visiteraient à certains jours de l'année (2).

Le couvent de Béziers fut compris dans la province de Provence qui s'étendait depuis Avignon et Marseille jusqu'à Bayonne et Bordeaux. Il n'en sortit pas, même en 1303, lorsqu'une trop grande extension amena un démembrement suivi d'une nouvelle organisation. Il y eut alors l'ancienne province de Provence et la province de Toulouse.

De regrettables désordres avaient été la conséquence du grand schisme d'Occident. Cependant il fut donné à l'Eglise de se remettre de son trouble et de son agitation, et de recouvrer la paix et la tranquillité si indispensables à sa constitution. Mais le mal avait été général ; il avait porté si loin ses racines qu'on dut procéder à des réformes dans plusieurs couvents des Frères Prêcheurs, pour y ramener la pratique de la règle et le règne des vertus monastiques. Avec d'autres, le couvent de Béziers sentit le besoin d'une régénération et il se soumit pour sa part, dès 1497, aux

(1) Nous avons vu citer, sans que nous ayons pu les retrouver, des lettres patentes de 1328 pour les consuls de Béziers contre les religieux du couvent des Frères Prêcheurs relativement à la place et marché des bestiaux gros et menus, tenu près du couvent.

(2) *Histoire générale de Languedoc*, édition Privat, tome IV, note 149, page 727.

nouvelles prescriptions. Il entra donc dans la „ Congrégation réformée de France „ qui, dans le cours du XVIᵉ siècle, fut érigée en *Province Occitaine.*

L'ordre des Dominicains était rentré dans un état paisible et il paraissait animé d'une vie nouvelle, mais il n'allait pas jouir longtemps du bonheur qu'il avait acquis après être sorti d'une redoutable tourmente. Une nouvelle tempête partait du bout de l'horizon et les flots seront violemment soulevés. Il faut sans cesse compter avec les bouleversements humains et l'agitation des empires. La France fut bientôt déchirée et troublée par les luttes du protestantisme. Les dangers suscités par les progrès de la Réforme dans le pays furent très funestes à l'épanouissement des couvents et aboutirent au pillage et à la ruine de beaucoup d'entre eux avec la dispersion des religieux. Le couvent de Béziers eut beaucoup à souffrir du concours de ces circonstances déplorables et cette belle maison fut en partie ruinée et détruite. Les Huguenots „ s'en saisirent le jour de l'Invention de la Sainte-Croix, 3 mai 1562, et dévastèrent tout ce qui était au pouvoir des dits religieux „. Tout fut saccagé, l'église dépouillée de ses ornements, le cloître, les chapelles, les autels mutilés, les vitres brisées, les tableaux lacérés, les cloches enlevées, la sacristie pillée, les portes des chambres ôtées et emportées. Le 1ᵉʳ novembre 1563, M. Jacques d'Arnoye, lieutenant général au présidial de Béziers, reçut de M. le duc de Montmorency, devenu gouverneur du Languedoc, la commission de rétablir les religieux dans la possession de leur couvent et les dépendances.

Grands étaient les dégâts, et les ressources faisaient complètement défaut. Par quel moyen réparer tant de ruines? Rien ne révèle mieux l'état affreux auquel la maison avait été réduite, que le document suivant, du 20 janvier 1570, dans lequel nous recueillons de la bouche même des religieux l'aveu de leur misère et de leur dénûment :

Dans le couvent des Frères Prescheurs et le lieu destiné à tenir leur chapitre, ont été presents, FF. Guillaume de Bordie, docteur en la saincte theologie, prieur ; Jacques Rebulli, aussi docteur en saincte theologie, scindiq, Jacques Gorsanus, soubsprieur, Jean Malriq, procureur, Louis Ginieis, Etienne Thinel, André Malhier, Bernard Chazottes, tous religieux dud. couuent de Beziers, et faisant la plus grande et saine partye des religieux dicelluy couuent ; estant assemblés au son de la cloche, et tenans leur chapitre, ont dit lesd. religieux et exposé aud. prieur qu'au commencement des premiers troubles aduenus en ce royaume et pays de Languedoc, pour le fait de la religion, en l'année 1562, la presente ville de Beziers auroit été prise, saisie par les seditieux et rebelles au roy, dits huguenots, lesquelz auroient ruiné et detruit les esglises et couuents des religieux de lad. ville, mesme leur couuent desd. prescheurs, qui auant les troubles étoit bien construit, basti et edifié, et l'esglize dicelluy ornée des accoustrements et ornements decents à leur profession. Et apres en l'année 1563 qu'ils furent remis en leur couuent et ville de Beziers, par autorité et mandement de Monseigneur Dampuille, mareschal de France, lieutenant pour le roy au present pays de Languedoc, auroient trouué led. couuent et esglise ruinés et abattus, la plus grande partye dicelluy, de maniere qu'ils n'ont eu, comme n'ont maintenant, moyen ni puissance de pouuoir faire reparer, reediffier led. couuent, esglise, chambre des religieux, et y faire les reparations necessaires pour l'entretenement de quelque peu de membres que lesd. seditieux y laissèrent ; encore bien soyent les murailles presque à tomber ; considerans aussy qu'ils ne sont aumosniers, comme soloient estre auparauant lesd. troubles ; et dailleurs que les seconds troubles aduenus pour led. fait de la religion, en l'année 1567, au mois d'octobre, lesd. religieux n'auroient osé sortir dud. Beziers, comme ne font encore pour crainte de leurs vies par lesd. seditieux et rebelles, lesquels journellement font courses et infinis messacres des gens ecclesiastiques qu'ils trouuent pres led. Beziers, et moins peu jouir de quelque peu de rente ou reuenu qu'ils prenoient en et sur une metairie petite, assise d'entre les lieux de Caux et de Roujan (1), pour ce que, comme dit est, n'osent sortir et aller sur chemins, et aussy que lad. rente leur est

(1) Il est question ici des dépendances de la chapelle de Notre-Dame de Pitié de Mougères, canton de Pézenas, arrondissement de Béziers. Voir plu plus loin.

occuppée, saisie et prise par lesd. seditieux et huguenots qui tiennent led. lieu de Roujan prochain de leur metairie..... (1).

Ne cherchons pas ailleurs un tableau plus lamentable de la situation. Quel que fût l'état de pauvreté, il fallait remédier au mal, aviser aux moyens de réparer et d'entretenir le couvent, mettre l'église en possession des ornements que réclamait le service divin. Les Dominicains se décidèrent à s'adresser au R[me] Général de l'Ordre, au Frère Vincent Justinien, et ils lui déclarèrent nettement leur déplorable situation et les difficultés qu'ils rencontraient de la changer et de l'améliorer. Bon accueil fut fait aux plaintes que contenait leur requête et le Général montra une condescendance portée à sa dernière limite. Ils furent autorisés à „ bailher à nouueau fief le bien moins utile dud. couuent à telles conditions qu'ils verroient estre necessaires pour le profit, reparation et closture dud. couuent „.

Voici la teneur de la permission telle qu'elle fut donnée en réponse aux termes de la requête :

Ego Frater Vincentius Justinianus, generalis magister ordinis Predicatorum et seruus, accepto que statuta et decreta sunt per supradictos fratres, et concedo liberam facultatem illa exsequi et dare supradictum situm ad domos construendas cum conditionibus suprascriptis et per publicum instrumentum magis explicandis. Volo autem ut etiam R[us] pater magister noster vicarius Congregationis Francie se subscribat. Actum Biterris die trigesimo madii anno Domini millesimo quingentesimo sexagesimo septimo. Ita est : Frater Vincentius Justinianus manu propria. — *Et au-dessous :* Frater Rostagius Porcelli vicarius generalis. Sceau au-dessous (2).

Toutefois l'aliénation de cette partie de terrain ne put pas être faite d'une façon aussi expéditive qu'on le pensait. Comme le tout avait fait partie du domaine royal, l'autorisa-

(1) Arch. mun. Copie sur papier.
(2) Arch. mun.

tion du souverain n'était pas moins indispensable que celle du Général de l'Ordre. Les religieux du couvent de Béziers s'assemblèrent donc capitulairement, rédigèrent une requête au roi, et leur syndic se retira en la souveraine cour du Parlement de Toulouse. Le document suivant est intéressant par les détails qu'il contient sur l'ensemble de la procédure :

Dans le couuent des Frères Jacobins de Beziers et refectoire d'iceluy, capitulairement assemblés à son de cloche, Frères Arnauld de Saint-Fort, docteur en sainte théologie, provincial des religieux saint Dominique en l'étendue et contenance du pays de Languedoc et prouince d'iceluy, Antoine Brunet, docteur en lad. Faculté et prieur du couuent, Nicolas Rentier, sous-prieur, Guillaume Bonnery, Pierre Cousin, André Malice, Simon Viminet, Pierre Fantigni, Bernard Chasottes, Gimbert de Cantelario, Bernard Brunet, religieux dud. couvent. Depuis le commencement des tronbles aduenus en la France pour la diuersité des religions, plusieurs religieux de ce pays auroient été massacrés, mesme tués, pris et rauis les biens des esglises, reliques, ornemens d'icelles, desmolies les maisons et couuents, et commis une infinité de maux par leurs ennemis et aduersaires de la nouuelle pretendue religion ; et entre autres esglises, maisons sacrées et couuents, la plus grande part de lad. esglise dud. couuent de Beziers auroit été détruite, pris et emportés les reliques et ornemens de lad. esglise, fait cesser le saint seruice jusqu'à ce qu'il auroit pleu à Sa Magesté du roi les restablir en leur maison et esglise desolée. Et puis l'année soixante sept seconds troubles aduenus en la France, y auroient habité et fait le saint seruice pour ce que lad. ville de Beziers auroit demeuré sous l'obeissance de Dieu et du Roy, ayans les pauures religieux despuis vescu le plus pauurement qu'ils ayent fait puis la fondation de leur religion, eu esgard à la multiplicité et nombre de religieux passants qu'ont logé aud. couuent; et pour reedifier et construire une partie de leur esglise, reparer le maisonnage dud. couvent, acheter des ornemens pour ladite esglise pour faire le saint seruice, n'ayant moyen de ce faire, si ce n'est de bailher en infeodation certain circuit de patus joignant vers led. couuent, incommode auxd. religieux et sans porter aucune rente ni reuenu ; ce qu'ils n'auroint pu faire sans estre licenciés de la majesté dud. seigneur ou de ses officiers. Communiqué à Frère Vincent Justinien, religieux general de l'Ordre, à Frère Roustain, vicaire general de lad. religion, auroint permis de bailher led. patus en infeodation, et ce qui en prouiendroit estre mis à la reparation de lad. esglise et maisonnage dud. couuent, comme appert de la declaration du 16 mai 1567 et de la declaration faite par led. Roustain, vicaire general, en date du 30 mai 1569 et du prouincial en sa visite aud. couuent de l'an 1574. Lesd. prieur et religieux auroint eslu pour leur scindiq Frere Nicolas Rentier, soubsprieur dud. couvent, qui se seroit retiré en la souueraine cour du Parlement de Toulouse à laquelle auec le procureur general d'icelle auroint presenté requeste et fait entendre par icelle les susd. remonstrances. Par arrest de laquelle souueraine cour auroit été dit que le patus et lieu contentieux seroit visité par le R. pere en Dieu l'euesque dud. Beziers, ou son vicaire, le procureur du roy au siege presidial de Beziers, le scindiq et consuls de lad. ville, pour auec eux estre informé de la commodité et incommodité du lieu par le premier des conseillers institués aud. siege presidial ; à laquelle information et visite auroit procedé M. Guillaume de Boria, docteur es droitz et conseiller aud. siege presidial ; Laquelle procedure et information auroit été rapportée aud. Toulouse par led. Rentier, scindiq, bailhée et deliurée en la souueraine cour dud. Toulouse, communiquée au procureur general du roy qui, ayant vu lad. procedure et information, autre arrest de la cour se seroit ensuiuy portant que par iceluy le patus dont est question, qui contient une cartairade de terre de setier mesure dud. Beziers, seroit mis aux encheres à l'effet d'estre infeodé au profit dud. couuent et religieux d'iceluy à celuy qui se trouueroit plus offrant et dernier encherisseur faisant la condition desd. religieux meilleure ; et a ces fins seroint faites proclamations tant en lad. ville de Beziers que prosnes des esglises d'icelle ville, obseruées les solennités requises comme est porté par les edits et ordonnances de la magesté dud. seigneur. L'arrest fut intimé, en l'absence du seigneur euesque de Beziers, a M. François de Thuffet, dit de Tharan, seigneur de Poupian, chanoine precenteur de la grande esglise cathedrale de Beziers, vicaire general dud. s^{r} euesque, aud. André Pouderoux, procureur institué aud. siege presidial de Beziers, à M. Pierre de Pradines, docteur es droitz et scindiq de la ville, à M. Pierre Besson 1er, Pierre Vidal 2e, Jean Fournier 3e, Jean Lamotte 4e et Pierre Garrigues 5e et dernier consuls de la ville de Beziers. Affiches auroint esté faites et posées à la porte du palais, aux coins de la place Mage et autres coins et lieux accoutumés, proclamation faite à l'esglise paroissiale de Saint-Félix par Me Bernard Tellier, prieur et curé de l'esglise et paroisse de Sainte Magdeleine par trois dimanches. Encheres faites par le precon et incanteur public; suiuant l'us et stil dud. Beziers, qu'est de quarante deux jours et plus, aux lieux et carrefours accoutumés dud. Beziers, audeuant dud. couuent et audeuant la grande esglise Saint Nazaire de lad. ville par trois dimanches consecutifs au sortant de la grand'messe (1).

Parmi les prétendants, Gonin Rascas, marchand de Béziers, fit la condition la plus avantageuse et l'emporta sur ses concurrents. Les Frères Prêcheurs lui inféodèrent donc „ un coin de leur couuent formant patus et ferajal, de la contenance d'une cartairade de seterée mesure de Beziers, clos d'une muraille de 23 pas de longueur et de 10 pas de largeur, au prix de 350 liures tournois, censiue et pension annuelle à perpetuité de neuf setiers bon bled marchand mesure de Beziers payable la feste Sainte-Madeleine. Ledit enclos confrontait la rue publique allant dudit couuent à la maison-Dieu ou grand Hospital à la porte du pont et salins appelés *Dels Cassés* ou grenier à sel du roi, du vent de cers; la porte entrant du cimetière dud. couuent d'aquilon; et ledit ferajal, de marin et de narbonnés (2). „

Les conditions imposées à l'acquéreur étaient on ne peut plus nettement spécifiées. On remarquera de quelles précautions s'entouraient les religieux pour s'assurer la garantie de leurs droits.

„ Il ne sera permis aud. Rascas, en edifiant led. coin de ferajal, de faire construire aucune fenetre et vue regardant vers et dans ledit couuent, leur ferajal et cimetiere, excedant la largeur et rondeur d'un tranchoir et dix pans sur la hauteur de terre et du plancher, et deux vues seulement à chacune chambre d'icelle largeur et rondeur de tranchoir; et

(1) Arch. mun. Copie bien informe sur papier.

(2) Acte du 3 novembre 1572.

à la charge que led. Rascas incontinent lesd. vues faites de la largeur et rondeur susdites sera tenu y faire faire des vitres et deux barres en croix de fer, sans que par la, luy soit permis et aux siens de jeter aucunes eaux ni autres choses, mais s'en servira seulement pour vue. Plus est convenu qu'il ne sera permis aud. Rascas ayant mis et reduit led. coin en maison l'arranter, le vendre a aucun heretique, huguenot et mal sentant a la foy, et moins les y loger pour y faire habitation. „

Au fait ces conditions n'étaient autre chose que l'application de la déclaration du 16 mai 1567 qu'il nous semble opportun de reproduire :

Visa hec nostra tempestate tempora periclitantium Fratrum mendicantium cenobiorum et couuentuum, eorum maxime qui in ciuitatibus habitant, ubi in dies grassantur heretici et mendicantium minautur ruinam et illorum e domibus expulsionem ; considerata insuper nostri Bitterensis conuentus manifesta ac patenti undequaque apertura, cogimur in ipsius clausura, multis super hoc ciuibus requirentibus, illis dare aut locare nostri conuentus extremitates terre vacantis ad domos edifficandas et muros erigendos. Ideo ego frater Guilhelmus de Bordis, in diuinis litteris magister, nec non presentis conuentus Bitterensis prior, proposui patribus simul in concilio congregatis et hic subsignatis si hoc velint primum, et sub qua conditione, declaratis eis prius locorum commoditatibus et incommoditatibus. Ego frater Jacobus Rebulli, doctor theologie, visis periculis sub quibus in dies manemus et periclitamur, visum est mihi alias conuentus extremitates parum conuentui utiles dare sub pacto manente dominio conuentus et omnimoda libertate qua prius, sub alicuius alterius dominio aut recognitione sit; quod qui edifficare voluerint has extremitates, vice et nomine nostro, domos edifficarent sub hac conditione ut ex parte conuentus nullam fenestram, nec cancellos, nec conductum cuiuscumque aque aut tecti faciant ; et hec domus edifficande dabuntur edifficanti sub arrentamento ad proborum estimationem quolibet anno et ex dicto arrentamento edifficanti deducent summam donec plene satisfactum fuerit illis de pecuniis expositis in domorum exstructione et edifficatione, nolentes ut quacumque conditione hereticis aut huguenaldis locentur sub arrentamento, aut in illis quovis modo domibus unquam habitent, etiamsi meliorem conditionem facerent et commodiorem, etiamsi heredes aut consanguinei sint filii eorumdem qui has domos edifficauerint, nec conuenticulum hereticorum in illis domibus fieri quouis modo sinant aut permittant aut patiantur, retinentes, si sic accideret, nobis potestatem eosdem e domibus expellendi, quauis alia conditione posita et cum talibus facta loca et domos tenentibus que omnia plenius sub instrumento et certis conditionibus explicabuntur, nec ex illis domibus fiant publica hospitia. Quod si locare attentarent fenestram non cancellis munitam et conditionem supra positam infringerent, volumus arrentamentum statim nullum esse cum suis conditionibus. Cui consilio et opinioni omnes alii fratres eiusdem conuentus bitterensis vocati ordinis fratrum Predicatorum uno ore et voce consenserunt et decreuerunt ita fieri sicut Reuerendus magister noster Rebulli proposuerat, auditis itaque relationibus et opinionibus predictorum magistri nostri Rebelli et ceterorum patrum. Una cum eis ego prior supranominatus et subsignatus concludo quod tales extremitates parum utiles prefati conuentus dabuntur in posterum ciuibus requirentibus, eas maxime edifficare volentibus, sub prescriptis conditionibus et pactis que melius et amplius in instrumento super datione loci et arrentamenti specificabuntur in omnem nostram presentiam. Actum in sacristia loci capituli nostri conuentus Bitterrensis anno Domini millesimo quingentesimo sexagesimo septimo, die vero mensis madii sexta decima. Sunt frater Guilhelmus de Bordis prior predictus, frater Jacobus Rebulli magister, frater Johannes Malrici, frater Petrus Guinardi, frater Raimundus Jotti, frater Lassalle (1).

Des attaques nouvelles étaient à redouter de la part des ennemis, et il fallait veiller sans cesse pour les prévenir. On savait qu'ils avaient réuni de grandes forces pour pénétrer dans les diocèses d'Agde, de Béziers et de Narbonne. Leurs dévastations avaient déjà commencé et les populatious étaient saisies d'effroi. Il pouvait survenir de grands malheurs si les secours n'arrivaient pas à temps pour réprimer leurs audacieuses entreprises. La prudence commandait une active surveillance pour écarter une irruption subite dans la ville. Le couvent des Jacobins gênait un

(1) Arch. mun. Copie sur papier bien altérée.

peu les mouvements et empêchait qu'il s'établît une communication directe le long des remparts, et que les rondes des soldats se fissent d'une manière suivie. Il dut subir une légère mutilation prescrite par l'ordonnance suivante du maréchal de Damville :

„ Henry de Montmorency, seigneur de Dampville, mareschal de France, gouuerneur et lieutenant general pour le Roy au pays de Languedoc, au sieur d'Espondeilhan, guydon de nostre compagnie d'ordonnance et gouuerneur de la ville et diocese de Beziers, Salut. Estant nécessaire, ce que nous auons desia jugé, de faire ouuerture et demolition au couvent des Jacobins a lendroict qui est joignant les murailles de la ville a ce que pour la seurté et conseruation d'icelle les gardes et les rondes quy se font de nuict passent et repassent librement es enuyrons desd. murailles sans quil y ait lieu ou il se retreuve empeschement, ny quil soyt besoing de descendre le long dicelles, Nous vous ordonnons par ces presentes, oultre le mandement premier que nous vous auons faict, de enjoindre aux consuls de lad. ville, comme nous leur faisons, de faire faire incontinent lad. demolition ou icelle acheuer sy elle est commencée, sans sarrester à la poursuyte que font pour raison de ce contre eux en la court de parlement de Tholose lesd. Jacobins, ausquels nous auons interdict et defendu de donner en ce aucun empeschement, sur peyne de desobeyssance comme a chose importante au seruice de Sa Majesté, et quy se faict par nostre auctorite et commission en vertu des presentes par lesquelles nous certiffions a tous qu'il appartiendra auoir donné charge tant aud. s^{r} d'Espondeilhan que ausd. consuls de faire lad. demolition et ouuerture pour led. passage tant seullement, et lequel en temps de paix se pourra raccommoder, afin que pour ce regard ils ne puissent estre molestez ny tirez en action en aucune sorte ou maniere, leur ayant à ceste fin expedié les presentes faictes et données au camp prez Montpellier ce xxvij^{o} jour de septembre lan mil cinq cens soixante dix sept. *Signé :* H. de Montmorency. Par Monseigneur, *Signé :* Marion. „ Scellées du scel aux armes dud. seigneur (1).

Les Huguenots ayant fait de nouvelles incursions chassèrent les religieux de leur couvent et s'emparèrent de tout ce qui avait été baillé à cens. Ce ne fut pas tout ; une autre épreuve se préparait pour eux. Lorsque les troubles eurent cessé, les Frères Prêcheurs furent victimes d'une nouvelle spoliation.

Le duc de Montmorency soutenait une lutte ardente contre les troupes du vicomte de Joyeuse. Voulant leur opposer un point solide de résistance, il résolut d'édifier à Béziers une citadelle pour le service du roi. Sa pensée s'était arrêtée au sommet où dominait l'église de Saint-Nazaire et cette éminence semblait convenir à ses projets. Déjà même le premier coup de pioche avait été porté pour la démolition de l'édifice, lorsque l'évêque, les chanoines et les personnes les plus notables de la ville vinrent le supplier d'épargner et de conserver une église si belle.

Il fallait une citadelle. Vaincu par des instances si pressantes, le duc se tourna du côté opposé et il la fit construire sur la place qu'occupait le couvent et l'église des Frères Prêcheurs, qui se virent dépossédés de tout ce qui leur appartenait. Ce point se prêtait parfaitement à l'établissement d'une forteresse. Le 15 janvier 1585, les Frères Prêcheurs quittèrent leur demeure et se transportèrent ailleurs. Ils ne se déplacèrent point sans se récrier. Leur couvent fut évalué à la somme de cinquante mille écus devant les députés du diocèse (2). Comme on voulait la faire payer par les consuls,

(1) Registre de Omnibus, t. Ier, f. 185.

(2) 27 avril 1633. Déclaration de Me Jacques de Jessé, seigneur de Carlencas et Levas, conseiller du roi en la cour présidiale de Béziers, qu'« aprez lusurpation qui leur feust faicte, il y a environ quarante ans, du couvent, qu'ils avoient dans la presente ville, ou il feust construit une citadelle, que led. couuent valait cinquante mille escus ou cent cinquante mille liures ».

ceux-ci présentèrent une requête civile pour montrer qu'elle devait être acquittée par le trésorier général extraordinaire des guerres de la province de Languedoc (1).

Un désaccord était survenu entre les consuls et les députés du diocèse, et les religieux se trouvaient en quelque sorte sans asile. L'affaire fut portée devant le parlement de Toulouse qui, „ par un arrêt du 7 juillet 1599 condamna les consuls de la ville de Béziers à assigner et bailher lieu aux religieux Freres Prescheurs de l'ordre de saint Dominique du couuent de Beziers, tant pour la celebration du seruice diuin auec la decence et dignité qu'il appartient que pour loger commodement lesdits religieux, comme sera aduisé par l'euesque de Beziers et le senechal de Carcassonne ou son lieutenant au siege dudit Beziers, appelé le substitut du procureur général du roi audit siege, auec les experts qui seront a ces fins accordés ou a deffaut prins d'office, Et ce par prouision et jusques a ce que iceux religieux ayent moïen de se remettre au couuent ou ils soloient auparauant estre, sans prejudice de l'indempnité requise par lesdits consuls contre le scindiq dud. diocese. Prononcé à Tholose en parlement le septiesme jour du mois de juillet mil cinq cens quatre vingt dix neuf. *Signé :* Mesmes (2) „.

Les religieux se trouvaient trop à l'étroit dans le lieu qui leur avait été concédé. Les consuls, d'accord avec le duc de Montmorency, achetèrent pour leur utilité, au bourg de Lespignan, au prix de cinq mille livres, la maison et le jardin ayant appartenu à dame Isabeau de Vésian, veuve de Arthur

(1) Un arrêt du parlement de Toulouse du 14 août 1595 condamna le syndic des consuls de Béziers à constituer et payer aux Frères Prêcheurs, le jour et fête Sainte-Madeleine, une rente de dix-neuf setiers de blé que les religieux avaient accoutumé de recevoir des maisons et terres à eux appartenant employées à la construction de la citadelle. Comme cette rente n'avait pas été régulièrement payée, un nouvel arrêt du parlement, du 26 février 1633, obligea les consuls de Béziers à l'acquitter avec les arrérages dus depuis la cessation du dit paiement.

(2) Arch. mun. Copie sur parchemin.

Bassoulh, bourgeois, „ pour leur donner plus de commodité à seruir à Dieu „. Ils y joignirent un bâtiment contigu désigné sous le nom de l'*Hospital Nostre Dame*, propriété du commandeur de Saint-Jean de Jérusalem, et ils s'engagèrent à leur faire bâtir un nouveau couvent dans les mêmes proportions que le précédent. Mais les promesses ne furent pas fidèlement tenues et nous allons voir se dérouler une longue procédure.

Les religieux, mécontents de la position, mirent en instance les consuls et le syndic des députés du diocèse de Béziers. Deux arrêts de la cour de parlement de Toulouse, des 18 janvier et 13 juin 1606, les condamnèrent à leur bâtir une église et un couvent de grandeur suffisante, ou, s'ils aimaient mieux, à remettre et bailler en mains sûres et responsables „ la somme de trente-six mille livres pour la réédification d'un couvent et église, au lieu de celle qu'ils auoint de toute ancienneté en lad. ville, seruant de present de citadelle „.

Voici le dernier arrêt portant condamnation des consuls :

Henry, par la grace de Dieu, Roy de France et de Nauarre, au premier de nous amès et feaulx conseillers en nostre court de parlement, seant en nostre ville de Tholose, ou aultre nostre juge magistrat sera requis, Salut.

Comme en l'instance pendante en nostre court entre nostre procureur general prenant la cause pour le scindic des freres prescheurs de l'ordre Sainct Dominique au couuent de la ville de Beziers suppliant et demandeur, d'une part; et le scindic des consuls de la ville de Beziers deffendeur d'autre; et entre led. scindic et consuls demandeurs en acistance de cause, esuiction et garantie d'une part et le scindic du diocese dudict Beziers deffendeur d'autre. Veu le proces et productions des partyes, Nostred. Court par son arrest prononcé le tretziesme du present, ayant esgard à la requeste de nostred. procureur general aud. Nom ayt condempné tant lesd. scindic et consuls de lad. ville que scindic du diocese dud. Beziers a bastir et ediffier a leur despens dans lad. ville de Beziers en lieu propre et conuenable une eglise de grandeur et qualité suffisante auec ung couuent capable pour loger comodement nombre suffisant de religieux et les offices a ce necessaires au proffict desd. religieux Saint Dominique suyuant le dessaing et estimation quy en sera faicte par expertz dont partyes accourderont dans huictaine deuant le commissaire a ce faire depputé ; ou que, a faulte d'en accourder, seront par luy prins d'office ; et ce dans le temps de troys ans, pendant lesquels lesd. scindics seront teneus fournir chescung au long troisieme du prix auquel lesd. bastimans seront estimés, sy mieulx lesd. scindicz nayment bailher et mestre es mains de merchands soluables dans lad. ville de Beziers la somme de trente six mille liures ung tiers chesque année à leffect destre emploié à lad. rediffication, ce que lesd. scindicz seront tenuz opter dans le dict dellay de huictaine, autrement lad. option sera defferée aud. procureur general aud. nom sans despens. Nous a ces causes ensuyuant le susd. arrest de nostred. court, à la requeste et supplication de nostred. procureur general aud. nom vous mandons et commettons par ces presentes appeller ceulx quil appartiendra, proceder bien et duement a l'execution dud. arrest de point en point selon sa forme et teneur. . . . .

Donne a Tholose en nostred. parlement le dix septiesme jour du moys du juing l'an de grace mil six cens six et de nostre regne le dix septiesme. Par arrest de la cour. Flotte ainsy signé (1).

Cette somme devait être votée par les députés de l'assiette du diocèse. L'arrêt du Parlement avait été intimé aux consuls de la ville de Béziers et aux députés du diocèse, et ils ne se pressaient pas de faire connaître leur option. Cependant les religieux étaient contraints d'habiter „ une maison du tout miserable et incommode pour le divin service et si désolée qu'ils n'attendaient sinon que leur bâstiment vînt a choir par dessus et les accabler entierement „. Le procureur général, prenant en main les intérêts du scindic des religieux, obtint, sur une requête présentée au Parlement, un arrêt faisant „ injonction et commandement aux consulz et scindicz, depputés et aultres que besoin sera de lad. ville et dioceze de Beziers de prendre en la forme accoustumée

(1) Registre de Omnibus, t. III, f° 24.

de l'imposition la somme de trente six mille livres ordonnée par le susdit arrest de la court au proffict du scindic des religieux et ce dans trois jours apres la signification desdites presentes à peine de dix mille livres d'amende, etc..... Donné à Tholoze en parlement le quinziesme jour de novembre mil six cens six „ (1).

En vertu des lettres patentes du roi, du 30 septembre 1608, elle fut imposée en faveur des religieux dans l'assemblée du 14 février 1609 et levée par les soins de Jean Sartre receveur (2).

D'autre part, le Commandeur des chevaliers de Saint-Jean de Jérusalem donnait une assignation au syndic des Frères Prêcheurs et prétendait leur faire vider des lieux qu'ils occupaient illégalement, puisque la somme convenue n'avait pas encore été payée.

(1) Registre de Omnibus, t. III, fos 25-20.

(2) Ceux qui appartenaient à la R. P. R. réclamèrent contre cette imposition et demandèrent d'en être dispensés. Le 2 juillet 1607, la cour des aides de Montpellier rendit l'arrêt suivant :

« Entre le scindiq des habitants faisant profession de la religion prétendue reformée de la ville de Beziers demandeurs et requerant l'enterinement d'une requeste du 27 juillet 1606 aux fins que inhibitions et defenses soient faites aux consuls de lad. ville de Beziers proceder en aulcung despartement de deniers tant ordinaires qu'extraordinaires, reddition et closture de comptes sans la présence et assistance dud. scindiq ou autre qui sera nommé, et autrement appelant de certaine imposition de deniers faicte en lad. ville en l'annee derniere mil six cens six pour l'entretenement des Jesuites et construction d'une nouuelle esglise pour les peres Jacobins de lad. ville d'une part, et les consuls de la ville de Beziers defendeurs prenant faict et cause pour les P. Jacobins; les consuls et scindiq sont soumis en la somme de 36.000 l. pour estre employées à la construction d'une nouvelle esglise en lad. ville pour y loger lesd. peres Jacobins ; et ordonné que la somme sera imposée sur le general du diocese : La cour des aides fait inhibition et defense, a peine de 500 l. d'amende, aux consuls de Beziers de proceder a aulcune imposition et despartie de deniers soit ordinaires soit extraordinaires sur les habitants faisant profession de la religion pretendue reformée, et descharge leur scindiq de toute imposition faite pour l'entretenemt des Jésuites ; et la cour ordonne que pour les 36.000 l. imposées pour la nouuelle construtiou d'une esglise et le logement des P. Jacobins, le scindiq des habitants de la R. P. R. se retireroit au Roy pour y estre pourueu suivant son bon plaisir. » — Arch. mun.

L'an mil six cens unze et le vingt sixiesme jour du mois de januier, par moy huissier soubsigné, en vertu des lettres de committimus de la chancellerie de Tholose cy a mon present exploit attachées, et à la requeste de Illustre personne Monsieur frere Jean de Vassadel, dict de Vaquayran, cheualier de l'ordre de Saint-Jean de Jerusalem, grand Commandeur de Malthe et des commanderies de Peirieix, les Brezines et autres commanderies, a esté faict a frere Pierre Dandiers, religieux scindig du couvent des Freres Prescheurs reformés de la ville de Beziers, de cesser presentement la pocession vendue au sieur Commandeur, requérant Lacroix pour Anthoine Nicholon, bourgeois dud. Beziers, agent dud. ordre et procureur dud. sieur Commandeur, assauoir la maison ou estoit la demeure desd. sieurs Commandeurs auec le jardin qui se souloit appeler l'Hospital Nostre Dame, confrontant de present auec la maison qui a esté de la demoiselle Bassoulh et une rue allant de la place à la croix de Saint-Sire, dicte anciennement la rue des cheualiers, de cers la maison qua esté de Jacques Roug, la dicte maison ou Hospital Nostre Dame que lesd. religieux ont fait desmolir pour leur commodite ; d'autre costé avec les heritiers de feu Amans Crassous, Raimond Gallabert et autres confrontations ; et d'icelle maison et jardin en lesser la possession vuide aud. Commandeur pour reuenir lad. maison et jardin à lad. commanderie des Brezines comme despendant dicelle, y redifier une maison d'habitation pour led. sieur Commandeur et ses successeurs à l'aduenir pour la conseruation de leurs papiers et titres (1).

La somme précédemment accordée des trente-six mille livres ne pouvait pas suffire „ pour la perfection de la construction du couuent et esglise dejà auancée „. Le procureur général du Parlement de Toulouse reprenant la cause des religieux entreprit de faire condamner le diocèse „ en grosses et notables sommes qu'il estait tenu de leur payer jusques à la perfection du bastiment „. L'affaire ne fut pas portée devant le Parlement de Toulouse et le diocèse obtint des lettres d'évocation du roi, en vertu desquelles „ ladite court auroit esté interdite et lesd. Pères religieux assignés au Conseil „. Il fut sursis à tout jugement et on convint

(1) Arch. mun. Copie sur papier.

d'attendre le terme tout à fait prochain de l'assemblée générale du diocèse où l'on espérait voir „ se traiter et terminer par voie d'accord led. procès et différend „. Le F. Gabriel Ranquet, prieur du couvent des Dominicains de Béziers, fut entendu ; les députés du diocèse lui opposèrent et firent valoir leurs raisons. L'assemblée donna à des délégués „ plein pouuoir et puissance d'en user ainsi que par eux en seroit aduisé „. Le différend finit par s'arranger et voici les bases de l'accord par lequel il fut terminé :

Ce jourd'hui treitziesme jour du mois d'auril 1612, apres midy, regnant tres chrestien prince Louys, par la grace de Dieu roy de France et de Nauarre, dans la maison consulaire dud. Beziers et bureau dud. diocese, pardeuant Messieurs Milles de Marion, cheualier, conseiller du Roy en son conseil d'Etat, tresorier general de France et intendant des gabelles en Languedoc, seigneur de Salelles, Preignes et Lauanhac, commissaire principal es assiettes dud. diocese, Jean d'Arnoie, seigneur dud. lieu, d'Auesne et de Perdiguier, conseiller du roy, lieutenant general et presidant presidial aud. Beziers, Pierre de Maureilhan, seigneur dud. lieu, cheualier, conseiller du roy, viguier es ville et viguerie dud. Beziers, commissaires nais et ordinaires esd. assiettes, Arnaud de Jessé, sieur de Leuas, aduocat du roy aud. Beziers, et moy notere royal, greffier et secretaire dud. diocese, et tesmoings bas nommés, Ont esté presants et constitués en leurs personnes Messieurs Pierre de Mercier, conseilher du roy, receueur general et payeur de Messieurs de la cour de parlement de Tholose, Jehan de Fabry, bourgeois, consuls de lad. ville de Beziers, deputez nais dud. diocese, Jehan Castanier, notere roial du lieu de Gabian, Jacques Verdier du lieu de Paulhan, Esprit Corneilhe notere roial et greffier du lieu de Sauuian, et Pierre Reboul lieutenant en la justice locale du lieu de Roujan, touts deputtés dud. diocese, faisant pour et au nom d'icelle d'une part, et led. Ranquet, prieur susd. d'autre ; Lesquels comme procedant sçauoir, lesd. deputtés en vertu du pouuoir à eulx donne par lad. assiette generale ont convenu, accordé et transhigé comme s'ensuit : Premièrement que led. diocese paiera auxdits Peres Refformés, a l'effect que dessus, la somme de doutze mil liures pour toutes prethestations quelconques qu'ils ont eu ou qu'ils pourroint avoir à l'aduenir sur led. diocese, pour quelque cause, pretexte, occasion que ce soyt ou puisse estre concernant ledifflication, bastiment et construction de leur esglise couuent, maison, jardins et toutes aultres choses qu'ils pourroint demander, requérir et pretendre ores et pour l'aduenir, moyennant laquelle led. diocese demurera quitte et valablement deschargé, deuers lesd. Peres Reffformés et les leurs à l'aduenir, de tout ce que dessus, circonstances et dependances, saulf et reserue de ce qu'il pourroit leur estre deub de reste desd. trente six mil liures montans neuf cens vingt sept liures, deux sols, sept deniers, la quelle somme de doutze mille liures ne sera payée par led. diocese qu'apres que led. sieur Ranquet, prieur, aura faict approuuer et ratiffier la presente transhaction tant par le General que Prouincial de leur Ordre, et icelle faict authoriser par le chappitre de leur congregation en bonne et deue forme, laquelle approbation ils seront tenus de rapporter et remettre vers led. diocese en la prochaine assiette generale ou assemblée des vingt quatre villages, soubs le bon plaisir de laquelle assemblée lesd. deputés font auec led. Ranquet, prieur, le present accord et transhaction, et lhors il sera pourueu à l'imposition de ladite somme de doutze mil liures, apres toutesfois que Sa Magesté en aura accordé la permission et faict expédier ses Lettres d'assiette pour la leuée et imposition dicelle, auxquelles Lettres d'assiette led. diocese sera tenu de satisfaire, ce moyennant sera paix et accord entre lesd. parties quy ont renoncé comme des a present renoncent a toutes instances et proces intentés et à intenter, ses circonstances et dependances. Et pour tout ce dessus tenir, guarder et obseruer lesd. parties, comme les conserne, ont obligé scauoir : lesd. deputés les biens dud. diocese, et ledit Ranquet, prieur, ceulx de la communauté dud. couuent de Beziers es du General de leur ordre et la prouince qu'ils ont respectiuement soubmis a toutes rigeurs et justices, et ainsin l'ont promis et juré led. Ranquet la main sur sa poitrine, et lesd. deputés la main leuée a Dieu es presances de Johan Sartre jeune, receueur dud. diocese, Guilhaume Caissiols et Guillaume Jourdan, praticiens de Beziers, et de moy Jacques Louis, notere roïal, greffier et secrettere dud. diocese, quy requis en ay retenu acte, signés à l'original lesd. sieurs commissaires principal et ordinaires et lesd. deputez, F. Ranquet, prieur.

Collationné à l'original. *Signé* : Louis (1).

(1) Arch. mun. Copie sur papier.

Nous voyons par cet acte que le diocèse accorda aux Frères Prêcheurs par surcroît une somme de douze mille livres. Le P. Provincial approuva cette transaction dans les termes suivants :

Nos F. Sebastianus Michaelis reformate congregationis occitane ordinis Fratrum predicatorum, que, inter ceteros conuentus, Bitterensem conuentum complectitur, Vicarius generalis, annuens supplicationi nobis a Reuerendo patre priore et fratribus prefati conuentus Bitterrensis oblate, per presentes litteras testamur nos ratam habere conuentionem factam inter deputatos diœcesis bitterensis et patrem priorem et fratres conuentus bitterensis de duodecim millibus librarum recipiendis a dicto conventu ad perficiendum structuram nostri conuentus jam magna ex parte constructi, promittens pro me et successoribus meis et pro tota nostra congregatione nullas in posterum pecunias pro huiusmodi edifficio postulaturos ab ipsa diœcesi Bitterensi. In quorum fidem his mea manu subscripsi anno 1612 die vero vigesima nona julii, apposito meo peculiari sigillo. *Signé :* F. Sebastianus Michaelis, vic. generalis congregationis reformate occitane ordinis FF. predicatorum. Ego humilis prior conuentus tholosani sancti Thome de Aquino eiusdem ordinis et congregationis assentior predictis, in signum cuius manu propria subsignaui. Datum in dicto conuentu die Sancte Exaltationis sancte crucis 1612. F. Georgius Langerius humilis prior qui supra. Ego F. Petrus Faber supprior conuentus tholosani consentio predictis. Ego F. Anthonius Dellong scindicus conuentus tholosani. Ego F. Hyacinthus Mares. Ego F. A. Derrusterres, scindicus conuentus. . . . . Ego F. Bertrandus Barberii supprior conuentus Clarimontis consentio predictis (1).

Cette approbation avait été précédée de la demande suivante :

In nomine Domini, Amen. Reuerende admodum Pater Vicarie generalis congregationis occitane reformate ordinis Fratrum predicatorum. Die decima tertia aprilis proxime preterita Reuerendus Pater prior presentis conuentus reformati sancte Marie bitterensis, nomine totius conuentus,

(1) Arch. mun. Copie sur papier.

habito prius consensu totius communitatis ad componendam litem a conuentu intentatam diœcesi bitterensi publico contractu consenso cum personis ad eam causam a predicta diœcesi deputatis, renuncians per predictum contractum juribus omnibus a conuentu supra diœcesim pretensis ratione antiqui conuentus nostri ordinis destructi et ad publicos usus deputati, ea conditione ut, preter triginta sex mille libras a suprema curia tholosana nobis ob eam causam assignatas, alie duodecim mille libre ad complementum nostre fabrice a diœcesi nobis tradantur, promittens insuper predictum contractum ratificandum a vestra admodum reuerenda paternitate et a Reuerendissimo totius ordinis nostri generali magistro ad majus robur et firmitatem ipsius. Ideo nos infra scripti prior PP. ac FF. presentis conuentus reformati bitterensis capitulariter congregati presentem petitionem ad vos transmittimus similiter supplicantes ut predictum contractum quem pro bono communitatis de maturo peritorum consilio fecimus ratum habere et auctoritate vestra firmare velitis. In quorum fidem hic subscripsimus die prima madii anni millesimi sexcentesimi duodecimi in vestro prefato conuentu sancte Marie bitterensi reformato. F. Gabriel Ranquet prior, F. Nicolaus Ausonius, F. Daudieranus supprior. F. Thomas Bassolius, F. Thomas Chanutus, F. Laurencius Jalius, F. J. Casanoua, F. Anthonius Affrius, F. Vincentius Bossudius (1).

L'adhésion du général de l'ordre des Frères Prêcheurs ne se fit pas longtemps attendre. Sa ratification était ainsi conçue :

In Dei filio sibi dilectis RR. PP. priori et patribus conuentus nostri bitterensis congregationis nostre reformate ordinis predicatorum F. Seraphinus Siccens Par..... sacre theologie professor et totius prefati ordinis humilis magister generalis et seruus. Quum, sicut nobis per litteras Biterris datas 25 julii 1612 accepimus, dum superioribus annis potentissimum christianissimumque Gallie regnum ac eius preclara illa Bitterensis ciuitas perniciosissima heresis lue vastaretur, publice salutis pretextu diruta sit celebris et antiqua ordinis nostri domus quam prisca Bitterensium pietas ac religio animabus curandis velut insignem Aram erexerat, ideoque per triginta annos ordinis nostri patres ab eadem

(1) Arch. mun. Copie sur papier.

ciuitate exularint, aut acti in miserrimo angulo unus aut alter eorum latiterint donec, concesso reformationi nostre conuentu liteque a vobis intentata, supremo curie tholosane decreto coacta sit eadem ciuitas et diœcesis Bitterensis duodecim millia aureorum vobis rependi nouo conventui edifficando, quibus expensis, nec perfecto conuentu, iterumque lite intentata ad nouam sex millium aureorum summam obtinemdam a diœcesi ad christianissimi Regis consilium prouocatum sit. Cumque vos habito jurisperitorum consilio, quibus eadem noua petitio haud parum difficultatis habitura videbatur, pensatisque variis partium et judicum circumstanciis, conuentione ultronea negotium totum prudenter terminaueritis, et publico instrumento noue illi petitioni et quibuscumque aliis juribus que ratione destructi conuentus vobis competi poterunt pro summa quatuor millium aureorum de nouo vobis concessa a ciuitate et diœcesi Bitterensi ex conuentione libera totiusque litis recesiua renunciaueritis, eamque ut illi sub beneplacito et ratifficatione christianissimi regis fecerunt, ita et sub authoritate nostra idem facturos exponatis, quum nec prius aut illi vobis tribuere aliquid vellent, aut vos accipere auderetis quin authoritate nostra predicta conuentio firmata sit, ac ideo instantibus publicis comiciis quibus totum negocium terminandum est et summa (si per nos liceret) vobis exhibenda erit, et vos suppliciter deprecantes ut per patentes nostras litteras comitiis exhibendas conuentionem predictam quam pro istius conuentus bono et de peritorum consilio fecistis, jamque a R. P. vicario substituto de Reuerendi admodum Patris vicarii generalis totius nostre Congregationis occitane, magistri patris Sebastiani Michaellis absentia, mandato confirmatam approbare authoritatisque nostre summo robore firmare velimus; Nos petitioni vestre (que justa visa est) annuere vobisque pro totis satisfacere cupientes conuentionem predictam, stantibus narratis seruatisque seruandis, ac dummodo id cedat in euidentem religionis nostre utilitatem, et non aliter, nostri authoritate officii tenore presentium confirmamus confirmatumque declaramus et eidem perpetue firmitatis robur adjicimus. In nomine Patris et Filii et spiritus sancti. Amen. Quibuscumque in contrarium nonobstantibus. In quorum fidem his sigillo officii nostri munitis manu propria subscripsimus. Datum Rome in conuentu nostro sancte Marie super Mineruam die 29ª septembris 1612. F. Seraphinus qui supra manu propria, assumptionis nostre anno predicto, registrata fol. 18. F. Thomas Marinus magister generalis et seruus (1).

(1) Arch. mun. Copie sur papier.

Toutes les formalités furent enfin remplies, lorsque de on côté le conseil d'Etat put rendre son arrêt définitif entre les consuls de Béziers et les Pères Réformés. La reproduction de ce document est indispensable pour compléter le dossier de la procédure de cette longue affaire :

Sur la requeste présentée au Roy en son conseil par les Religieux Réformés du monastère de l'ordre de Saint-Dominique en la ville de Beziers, tendant afin qu'il pleust a Sa Magesté ordonner que, suiuant la transaction passée entre les supplians et les deputez du diocese de Beziers, la somme de doutze mille liures y mentionnée sera imposée et leuée sur led. diocese pour estre employée selon qu'il est portée par icelle ; Veu la dicte requeste, la dicte transaction passée aud. Beziers le treitziesme jour du mois d'auril dernier (1612) par deuant les commissaires nais et ordinaires pour les assiettes dud. diocese, l'aduocat de Sa Magesté aud. Beziers, et Jacques Louis, notere roïal et greffier dudict diocese, entre les deputez dud. diocese d'une part, et le prieur dudict monastere d'autre, par laquelle lesd. depputez, en vertu du pouuoir a eulx donné par l'assiette generale dud. diocese tenue le neufuiesme dud. mois et soubs le bon plaisir de la prochaine, auroint conuenu que led. diocese payeroit aud. monastere la somme de doutze mille liures, moyennant laquelle il demeureroit quitte et deschargé de tout ce que que lesd. religieux pourroint prethendre pour les differands pendants entre eulx, circonstances et dependances, non comprins la somme de neuf cens vingt sept liures deue de reste d'une imposition precedente, laquelle somme de doutze mil liures neanmoingz ne seroit payée sinon apres que ledict prieur auroit faict ratiffier lad. transhaction tant par le general que vicaire de leur ordre et chappitre de leur congregation, dont ils seront tenuz rapporter les actes en bonne et deue forme en la prochaine assemblée des vingt quatre villages dud. diocese, lors de laquelle il seroit procedé à l'imposition de lad. somme de doutze mil liures, apres que Sa Magesté l'auroit permis, et octroyé les lettres d'assiette à ce necessaires, auxquelles led. diocese seroit tenu d'obeyr ; Tout consideré le Roy en son Conseil ayant esgard a lad. transhaction a permis et permet aux depputez dud. diocese de Beziers imposer et leuer sur iceluy la dicte somme de doutze mil liures en deux années pour estre baillée aux religieux dud. monastere et employée selon qu'il est porté par lad. transhaction, apres qu'il aura esté satisfait aux conditions mentionnées en icelle, et qu'a ceste fin toutes lettres a ce necessaire leur en seront expediées. Fait au Conseil d'Estat du Roy tenu a Paris le doutziesme jour de juillet mil six cens doutze. *Signé :* Fayet (1).

Il aurait été permis de croire que tout était terminé. Toutefois les réclamations des Pères Réformés ne devaient pas s'arrêter encore. Le couvent et l'église étaient construits, il est vrai, mais il manquait un cloître, une citerne, un lieu de sépulture pour les frères défunts (2). Cette lacune provoqua une nouvelle demande de la part des religieux. Le vingtième jour du mois de février 1615, après-midi, étaient réunis dans la salle basse de la maison consulaire de la ville de Béziers, Messieurs Henri du Cailar, seigneur d'Espondeilhan, baron de Puisserguier, gouverneur pour le roi en la ville et citadelle de Béziers, Jean d'Arnoye, seigneur du dit lieu, d'Avesne et de Perdiguier, conseiller du roi, lieutenant général et président présidial au dit Béziers, commissaire principal et ordinaire ès dites assiettes, Pierre de Sartre, aussi conseiller du roi et pour lui juge ès ville et viguerie de Béziers, Jacques de Cruzi, sieur de Bassan, docteur et avocat, Bringuier Rosset bourgeois, Pierre Mercier, Pierre Ronnat et Mitadier, consuls de la ville, auxquels étaient adjoints les consuls des villes et paroisses du dit diocèse, avec le droit d'opiner. Tous avaient été convoqués pour tenir l'assiette générale du diocèse. A la première séance, se présenta le R. P. Michaelis, prieur de Saint-Maximin, vicaire général de l'ordre réformé de Saint-Dominique, pour exposer les

(1) Arch. mun. Copie sur papier.

(2) La maison d'Isabeau de Vésian n'avait pas suffi. Pour la réédification de leur couvent les Frères Prêcheurs achetèrent successivement d'autres maisons sises au même bourg de Lespignan, celle de dame Françoise de Lauret, veuve de Pierre Collatoris, au prix de quatre mille cinq cents livres, celle des héritiers Gendrot et Arribat, au prix de quatre mille neuf cent cinquante livres, celle de Martin Bernard et Sernin Dumas au prix de quatre cent quarante une livres. Ces maisons étaient mouvantes de la directe du roi qui, par lettres patentes du mois d'août 1610, abandonna ses droits de loz et vente d'amortissement.

besoins de ses religieux et demander un nouveau subside. Ses paroles nous ont été conservées : „ Messieurs, dit-il, vous nous aués basti une assés belle esglize et couuant en ceste ville. Ne reste qu'a bailher le dernier coup de pinceau a l'ymage qu'aués commancé, de peur qu'il ne demeure monstrueux. C'est de faire encore le cloistre, une citerne dedans et la sepulture des frères. Ce cloistre ne sera pas pour nostre commodité, car nous y tenons perpétuel silence, mais il nous sert pour faire les processions tant de Nostre-Dame du Rosaire, le premier dimanche de chaque mois, que pour les bonnes solempnités de l'année, et pour y faire une fois chaque sepmaine la procession pour les trespassés, nos bienfaicteurs et aultres, aprez auoir chanté la messe et dictes les vigilles a mesme intention. Entrés donc, s'il vous plaist, en consideration de parfaire. Il ne reste presque rien en comparaison de ce qui est desia faict. Vous ferés chose agreable a Dieu, et acquittans vos consciences vous obligerés apres Dieu pour vous et pour vos enfans. Car, comme sur la fin de l'automne, quand les fuilhes et les fruictz tombent par terre, ils seruent de presage à la prochaine rigeur de l'hiver, et au contraire sur la fin de l'hiuer les belles fleurettes et herbes verdoyantes qui embellisent les campagnes sont un vray presaige d'un beau printemps et de l'esté abondant en toutz fruictz; et ainsin les temples desmolis sont tousiours presages de guerres et famines, et au contraire le retablissement d'iceulx, de pais et d'abondance. On l'a ainsi veu au temple de Salomon desmoly par les Babillonniens, apres la destruction duquel les petits enfans, les femmes et leurs maris feurent menés captifs miserablement a Babillonne; et de mesmes apres la destruction du second temple faicte par Tite Vespasian, les juifs receuant le dernier coup de leur ruine, ainsin qu'il leur auoit esté predict, et estant le peuble de retour es Hierusalem, Dieu deputta le prophette Aggée ne leur reprochant autre chose sinon qu'ils preferoint leurs commoditez, rebastissans leurs maisons et palais, a la gloire de Dieu et à son temple, *et domus hec deserta,* disait-il ; puis leur promettoit disant, si vous rebastissez la maison de Dieu, *erit in loco pax* „ (1).

Ayant ainsi parlé, le vicaire général se retira. Son pieux langage émut les membres de l'assemblée et porta son fruit. On délibéra de renvoyer l'affaire aux vingt-quatre villages principaux du diocèse qui s'assemblèrent le lendemain pour prendre une mesure. Il fut conclu que „ sans préjudice des droicts des parties et de la transaction passée auec les Peres Refformés le 13e auril 1612, on leur accorderait pour cette fois tant seulement et sans consequence pour l'aduenir, soubs le bon plaisir du roy, la somme de trois mille liures „. Le R. P. Michaelis fut aussitôt rappelé dans l'assemblée, et après qu'on lui eût donné connaissance de la délibération : „ Messieurs, dit-il, il vous a pleu nous octroyer mil escus lesquels j'accepte, et vous en remercie. Nous prierons Dieu pour vous et nous employerons par predications, confessions et autres ministeres au salut de vos âmes. „

Le roi permit l'imposition de cette somme „ par arrest et lettres patentes du 24 septembre 1616 „. Les religieux se déclarèrent satisfaits. Ils empruntèrent même à la ville une somme de quatre mille neuf cent cinquante livres pour acheter les maisons des hoirs de Gendrot et Arribat qu'ils unirent à leur église. Désormais toutes leurs prétentions prennent fin.

Le prix de la précédente acquisition de la maison de demoiselle Isabeau de Vésian n'avait pas été intégralement payé. Son héritier ou cessionnaire poursuivit les consuls devant le Parlement de Toulouse qui, par un arrêt du 13 juillet 1617, les condamna „ à paier dans trois mois après l'intimation de cet arrest la somme de neuf cent quatre-vingt-neuf livres avec les interests d'icelle a raison du denier seitze, de

(1) Arch. mun. Copie sur papier.

puis le premier d'apuril 1587 que les dits religieux prindrent possession de la maison et jardin dont conuention étoit faicte aux Peres jusqu'au jour de l'effectuel paiement „. Quant au diocèse, il avait payé les sommes imposées à l'effet de la réédification du couvent des Frères Prêcheurs, et le Parlement mit fin à toute contestation en le condamnant, par un arrêt du 28 avril 1618, „ aux despens de la garantie enuers l'impetrant „.

La citadelle bâtie sur l'emplacement du couvent des Frères Prêcheurs à l'époque des guerres religieuses fut rasée en 1632, par édit du roi, après la défaite par Schomberg, dans les plaines de Castelnaudary, de Montmorency, suivie de la soumission de Gaston d'Orléans (1). Le grand espace sur lequel elle s'élevait fut changé en esplanade. Les religieux avaient été maintenus en possession et jouissance du lieu qui leur avait été donné et des acquisitions qu'ils y avaient faites „ avec toutes les ruines du rasement pour s'y loger quand bon leur semblerait le roi leur avait accordé le don des matériaux et dépouilles d'icelle exclusivement à tout autre. „ Les consuls de Béziers leur contestèrent le droit de propriété. Il fallut qu'un arrêt du Parlement de Toulouse, du 26 février 1633, confirmât les Frères Prêcheurs dans leurs anciens droits, „ leur permettant de rentrer dans leur maison primitiue dont une partie étoit encore debout. „ Comme l'esplanade était un lieu agréable et utile pour la ville, les religieux se mirent d'accord avec les consuls et ils ne cessèrent point d'habiter leur nouveau couvent au bourg

(1) La charge de gouverneur fut éteinte et une somme de vingt-quatre mille livres fut payée en dédommagement au sieur d'Espondeilhan, pour cette charge de gouverneur qui fut régie jusqu'en 1644 par les consuls. Mais sur les instances du sieur d'Espondeilhan la même charge fut rétablie et elle passa, en 1653, à de semblables conditions entre les mains du baron de Puisserguier. Le rétablissement de cette fonction provoqua une grande émotion, agita la ville et divisa les esprits et les familles. Pour faire cesser les divisions et les animosités, le roi unit et incorpora à perpétuité aux fonctions de consuls celle de gouverneur de la ville. (Lettres patentes du 28 août 1656.)

de Lespignan, dans la rue qui prit d'eux le nom de Saint-Dominique, qu'ils embellirent autant qu'ils purent et accommodèrent à leurs besoins. Ils conservèrent cette demeure jusqu'à la Révolution, partageant leur existence entre la prédication, la prière et l'étude.

Les familles aimaient à élire pour lieu de leur sépulture la chapelle de quelque ordre religieux. Noble Jacques de Valat, seigneur de Lespignan, et Jeanne de Bassoul, sa femme, établirent leur tombeau dans l'église des Frères Prêcheurs et y fondèrent une messe perpétuelle moyennant la somme de mille livres que les Pères durent employer en fonds, à leur profit et risque. Le 22 novembre 1633 fut donc passé l'acte suivant : „ In nomine Domini, Amen. Cedent transferent a perpetuité les Peres de Saint-Dominique la chapelle de saint Dominique joignant le grand autel à main droite en entrant par la grande porte de ladite église, audit s[r] de Lespignan et demoiselle de Bassoul, mariés et leurs heritiers et successeurs pour y faire leur sépulture et autrement disposer a ses plaisirs et volontés, sobligeant lesdits Peres de Saint-Dominique et leurs successeurs de dire dans ladicte chapelle, a lintention et pour les hoirs desd. fondateurs, une messe basse chaque jour a perpetuité ; de plus seront tenus lesd. superieurs et communauté desd. Peres de Saint-Dominique de fermer et faire bastir la porte qui va a la chapelle de sainte Anne afin que lesd. s[rs] fondateurs et leurs successeurs soient libres dans ladicte chapelle ; promettent lesd. Peres et lesd. fondateurs, tant pour eux que leurs successeurs, tenir, garder et observer ce dessus et satisfaire comme les concerne perpetuellement et sans y contrevenir, et ainsi lont promis et juré lesd. Peres la main sur leur poitrine. Fait et recité, etc. „

Le couvent des Dominicains de Béziers, un des plus anciens de la province, comptait aussi parmi les plus importants. Les annales dominicaines relatent plusieurs chapitres provinciaux auxquels il servit de point de réunion. Dans celui de 1261, on forma un seul corps de diverses ordonnances concernant les études, „Ordinatio pro studiis,„ qu'on dut lire quatre fois par an dans les couvents, de la fête de Saint-Michel à la Pentecôte.

L'église, bâtie sur de larges proportions, présentait un beau sanctuaire et renfermait quatorze chapelles latérales. Une partie de la voûte, soutenue par de puissants arceaux et reposant sur d'épaisses murailles, a conservé des traces des peintures qui la décoraient. L'édifice a été morcelé pour l'usage de classes.

Le 23 février 1701, les ducs de Bourgogne et de Berry, petits-fils de Louis XIV, visitèrent la ville de Béziers. Certaines rues où les carrosses devaient défiler présentaient des saillies qui les auraient empêchés de bien tourner, et force fut de procéder à des démolitions. Les mutilations portèrent sur la maison de M. de Gayon du Bousquet, sur une partie du jardin du palais et sur un coin de la porte d'entrée du couvent des Frères Prêcheurs, servant de butée à leur clocher. L'œuvre de restauration devait coûter à la ville près de 2,000 livres.

Les Dominicains apportaient beaucoup d'attention à la bonne tenue de leurs écoles. Chaque couvent en était pourvu. L'enseignement de la philosophie et de la théologie y brillait d'un grand éclat et primait celui des autres sciences dans le champ intellectuel. Un *lecteur* en était spécialement chargé. C'est au couvent de Béziers (1) que

(1) « Le 10 décembre 1714, le R. P. Pierre Andoque, professeur en sainte théologie, prieur des Frères Prêcheurs du couvent de Béziers, expose aux consuls qu'il lui est nécessaire d'établir et justifier, comme depuis très longtemps, mais particulièrement depuis plus de 50 ans, il y a eu dans le couvent des Frères Prêcheurs, à divers temps, un cours ouvert de théologie, pendant lequel temps des professeurs desd. Frères Prêcheurs ont enseigné publiquement la théologie et fait soutenir des thèses générales à leurs écoliers et à divers ecclésiastiques, et que le cours qui y a été ouvert la présente année n'est pas un nouvel établissement, mais un renouvellement, une succession

fit ses premières études théologiques le P. Gonet, né et mort dans cette ville (1616-1681), après avoir eu l'honneur d'enseigner dans les couvents célèbres de Toulouse et de Bordeaux, une des lumières de l'Ordre, le vulgarisateur de la doctrine de saint Thomas, et dont le *Clypeus theologiæ thomisticæ* est resté classique dans les grands séminaires. Sa réputation se répandit en Italie, en Espagne et jusque dans l'Inde. Ses cendres reposent dans un des souterrains du cloître de l'église de Saint-Nazaire ou plutôt sa pierre tombale y a été transférée de l'ancien couvent des Frères Prêcheurs.

Chaque couvent dominicain devait avoir son église, son réfectoire, son dortoir, son cloître et sa bibliothèque. Les livres étaient l'objet d'un soin tout particulier. L'ordre des Frères Prêcheurs a été un ordre de prédication et non d'enseignement, ne cultivant les lettres humaines que pour son profit personnel. Ils formaient une milice courageuse pour la défense de l'Eglise et du Saint-Siège dont ils furent de fidèles serviteurs.

Une heureuse circonstance aida les Dominicains de Béziers à étendre leur influence dans tout le diocèse. Ils furent choisis de bonne heure comme instruments pour propager et maintenir le culte de la sainte Vierge. A quelque distance du village de Caux (1), sur un plateau isolé couvert de cistes, d'où est venu le nom de Mougères (en languedocien *Mougeiros*) (3), s'élevait, au XIIIe siècle, une chapelle dédiée à Notre-Dame-de-Pitié et fondée par la piété des habitants de cette localité. Leur libéralité les porta à la donner aux Dominicains pour la desservir. C'est ainsi qu'elle devint un vicariat de ces religieux. La première

de plusieurs autres qui ont précédé. L'enseignement de la théologie avait été donné par les P. P. Laquille, Turpin, Gouneau, Sage et Gonnet, tous jacobins. »

(1) Commune du canton de Pézenas, arrondissement de Béziers.

(2) Le mot languedocien *Mouge* se traduit en français par le mot *Ciste*.

chapelle ayant été incendiée et détruite, Mgr Clément de Bonsy, évêque de Béziers, autorisa, en 1644, les Dominicains d'en construire une nouvelle, et on érigea solennellement une croix sur l'emplacement de l'ancienne. Elle fut l'objet de nombreux actes de générosité. La princesse de Conty, par un acte du 15 janvier 1651, abandonna aux Dominicains ses droits seigneuriaux sur les domaines situés dans le terroir de Pézenas. Par acte du 21 décembre 1758, M. Louis Philippe d'Empis, directeur du bureau des postes, donne une somme de 1500 livres dont la rente de 300 livres servira aux réparations faites au monastère de Notre-Dame-de-Mougères. Une quittance du 28 février 1775, souscrite aux Frères Prêcheurs par M. Audéard, de Preignes, héritier de M. d'Empis, porte l'acquittement des messes dues par la communauté pour le repos de l'âme du bienfaiteur. Cette église, en dépit de circonstances malheureuses qu'elle eut à traverser, ne tarda pas à devenir un lieu célèbre de pèlerinage où accouraient en foule les populations attirées par les nombreux miracles qui s'y opéraient, et dont le plus grand contingent était fourni par les diocèces voisins d'Agde, de Lodève, de Béziers ou de Montpellier. Ce concours dura jusqu'à ce que la Révolution eût dispersé les religieux. Le dernier supérieur du vicariat de Notre-Dame-de-Mougères fut le P. Coste, mort dans les prisons de Montpellier, le 21 janvier 1793, à l'âge de 82 ans.

Les Pères jacobins étaient encore possesseurs de la ferme de Lacassagne (1) située non loin de la route de Maureilhan, au tènement appelé les *Réformés*. Les terres ont été morcelées et les bâtiments ont subi diverses transformations. Néanmoins, une partie existe encore à l'état de vieille masure et passe aux yeux des habitants de la campagne pour être hantée par des revenants. Voici une histoire qu'on raconte. Il y a quelque chose comme cinquante ans,

(1) Ce domaine avait appartenu à Mlle de Bassoul, en 1654.

le meunier de Lirou, passant de grand matin devant l'habitation, entendit un coup sourd plusieurs fois répété et puis une grosse voix lui disant de creuser sous l'escalier. Il obéit et il découvrit un riche trésor qui n'aurait été autre que celui que les moines cachèrent en cet endroit.

Tous les ans, le dimanche *In Passione*, l'église des Dominicains recevait le Saint-Sacrement apporté processionnellement de la cathédrale de Saint-Nazaire par l'évêque, assisté du chapitre, des corps religieux et du corps de ville. C'était l'accomplissement du *Vœu de la ville* établi de date immémoriale dans un temps de calamité publique. Le Très-Saint-Sacrement restait exposé pendant trois semaines. Il se faisait une consommation de cire onéreuse pour les religieux. Ils avaient droit à une indemnité, et la ville, à l'avantage de laquelle se faisait la procession, devait naturellement participer aux frais. La dépense fut réglée d'un commun accord à la somme annuelle de 30 livres qui leur fut régulièrement payée. La communauté prit à cet égard, le 20 janvier 1750, une délibération approuvée le 28 mai suivant par M. Lenain, intendant du Languedoc.

Par une transaction du 9 mai 1755, fut terminée une contestation déjà ancienne entre FF. Joseph Valousières, sous-prieur, en l'absence de R. P. Duchamp, prieur ; Jean Coste, professeur actuel de théologie ; Jacques Gourou, syndic, et Guillaume Cerize, tous prêtres religieux, profès de l'ordre des Frères Prêcheurs, composant la communauté des Frères Prêcheurs de la maison de Béziers, et Sœurs Jeanne de Saint-Xavier, prieure, et Anne de Sainte-Claire-de-Mons, sous-prieure, de l'Hôpital Mage. En voici l'origine. Raymond Aynardy, qui possédait la directe dans une partie du terroir de la ville de Béziers, par acte du 17 des kalendes de septembre 1298, avait fait donation, en faveur des Frères Prêcheurs du couvent de cette ville, de vingt setiers d'orge de censive à prendre sur divers emphytéotes et sur des fonds situés au tènement du Revaut (1) ou Puech-Bataillé (2), et s'était réservé les droits de lods et les autres droits seigneuriaux sur ces fonds. Cette donation fut faite à la charge par les Frères Prêcheurs de dire et célébrer annuellement, dans leur église, quatre anniversaires. « Tali tamen pacto et conditione dono et trado dictos viginti sextarios ordei censuales mense dicti conuentus fratrum predicatorum qui modo sunt et qui pro tempore fuerint, quod ipsi celebrent et perpetuo constituant in ecclesia fratrum predicatorum Bitterensi pro anima mea et omnium meorum parentum quatuor obitus quolibet anno : primum obitum videlicet octauo kalendas februarii, secundum quinto idus maii, tertium quarto idus septembris quartum duodecimo kalendas decembris, et predictos quatuor obitus celebrent et celebrare debeant perpetuo quolibet anno in ecclesia fratrum predicatorum Bitter., ut dictum est ». De reconnaissances faites en 1338, 1360 et autres années postérieures à la donation, il était résulté que les emphytéotes déclarèrent tenir les fonds, pour les droits de lods, de Raymond Aynardy ou de l'hôpital des pauvres qui lui succéda, et pour les censives, des Frères Prêcheurs. Ces censives étaient les mêmes que celles énoncées dans l'acte de donation. Les révolutions arrivées depuis l'époque de ces reconnaissances avaient donné lieu à l'hôpital, lors du renouvellement des fiefs qu'il possédait dans le terroir de Béziers, de se faire reconnaître les fonds en question, tant pour les lods que pour les censives, et il en jouissait entièrement. Les Frères Prêcheurs réclamèrent à plusieurs reprises leurs droits et demandèrent que l'hôpital leur relâchât leur droit de censives sur ces fonds. Les directeurs et les religieuses de l'hôpital furent amenés à finir cette affaire par la voie de la conciliation. La communauté des

(1) Aujourd'hui le Rebaut, plaine sur les bords de l'Orb.

(2) Tènement au chemin de Béziers à Cazouls.

Frères Prêcheurs eut l'assurance de jouir, à l'avenir, de six setiers d'orge de censives que l'hôpital s'était appropriés sur 80 séterées, 14 pougneires ou environ possédées par diverses personnes au tènement du Revaut, sans préjudice des treize setiers, deux pougneires manquant pour compléter les vingt setiers contenus dans la donation, à mesure qu'on découvrirait de nouveaux titres par le dépouillement des actes d'aveu, et établissant que ces fonds faisaient partie de la donation elle même.

L'ensemble du couvent des Dominicains a été divisé en plusieurs maisons particulières. En 1840 la ville fit l'acquisition de leur ancienne église et l'appropria à l'installation d'une classe gratuite des Frères des Ecoles chrétiennes à laquelle on a substitué, depuis cinq ou six ans, une école supérieure laïque de garçons, dite Ecole Arago.

Ici finissent les renseignements qu'il nous a été possible de recueillir relativement à l'existence du couvent des Dominicains, à Béziers. Il nous reste à citer les noms de quelques-uns de leurs bienfaiteurs, tels que nous les avons relevés :

23 septembre 1317. — Testament de Me Arnaud de Sono léguant 104 setiers blé par an et 53 livres au couvent des Frères Prêcheurs de la ville de Béziers.

28 novembre 1554. — Testament par lequel Me Jean Venes, du lieu d'Abeilhan, fait une rente obituaire d'un quartal d'huile d'olive, mesure d'Abeilhan, au couvent des Frères Prêcheurs de Béziers.

20 février 1604. — Testament par lequel demoiselle Françoise Gaubert, veuve de feu Pierre Collatain, quand vivait greffier, lègue 50 livres aux Jacobins réformés et à chaque couvent pour faire prier après sa mort.

19 février 1615. — Fondation d'une messe perpétuelle

faite par Me Pierre Mercier, conseiller du roi, receveur et payeur à gages de la cour de parlement de Toulouse, à célébrer chaque jour et à perpétuité, dans l'église du couvent des Frères Prêcheurs. de Béziers, moyennant une pension annuelle de la somme de 54 livres.

5 mai 1615. — Testament par lequel Me Guillaume Gonet, conseiller au présidial de cette ville, fait au couvent des Frères Prêcheurs une rente obituaire de 15 livres.

3 novembre 1629. — Testament par lequel Me Bernard Racoules de Béziers, et son cousin Me Jacques de Cruzy, docteur et avocat de Béziers, donnent au couvent des Frères Prêcheurs un champ situé à Montflorez, pour une fondation de messes à perpétuité.

27 mars 1646. — Testament par lequel Me Vital Guy fonde une rente obituaire de 12 livres.

29 septembre 1646. — Testament par lequel dame Françoise de Voisins d'Ambre, veuve de M. de Parasa, fonde une rente obituaire de 50 livres en faveur du couvent des Frères Prêcheurs.

3 mars 1648. — Donation de 10 livres de rente par Mlle Marguerite de Martin.

11 septembre 1657. — Testament par lequel demoiselle Jehanne d'Arnaud, femme d'Aphrodise Bousquet, notaire, bailhe et magistrat royal du lieu de Magalas, donne au couvent des Frères Prêcheurs de Béziers, la somme de 150 livres afin qu'ils célèbrent, pour le soulagement de son âme, 500 messes; plus 1000 livres pour trois messes basses la semaine, à perpétuité ; au couvent de Notre-Dame de Mougères, 50 livres pour 185 messes.

10 novembre 1664. — Testament par lequel dame Anne de Cazeneuve, du lieu de Bizan, diocèse de Narbonne, lègue au couvent des Frères Prêcheurs 60 livres pour une messe par semaine à dire à perpétuité.

16 octobre 1666. — Testament par lequel Mlle Anne de Roque, veuve de Me Delaguès, docteur et avocat, fonde trois messes la semaine et donne la somme de 1000 livres.

6 mars 1674. — Acte par lequel dame Marie de Thomas, épouse de noble Joseph de Cabrerolles, conseiller du roi, président présidial et juge criminel en la sénéchaussée et siège présidial de Béziers, desirant faire prier pour l'âme de feu Damoiselle Jeanne de Ferrand, sa mère, donne au couvent des Frères Prêcheurs la somme de 500 livres à condition que les RR. PP. s'obligeront de dire à perpétuité, tous les vendredis de chaque semaine, l'Office des Morts et un obit de Requiem à chaque bout d'an.

4 juin 1674. — Acte par lequel Messire Jean de Maussac, prêtre, chanoine et ancien grand archidiacre de l'église cathédrale de Béziers, fonde, pour le repos de son âme et d'icelle de ses autres parents, dans l'église des Frères Prêcheurs réformés, trois messes basses chaque semaine à perpétuité moyennant la somme de 800 livres.

10 juin 1673. — Testament par lequel Demoiselle Jeanne de Pradines lègue au couvent de Notre-Dame de Mougères la somme de 1500 livres à la charge de dire l'Office des Morts chaque semaine et une grand'messe de Morts le lendemain des fêtes de l'Assomption et de la Nativité de Notre-Dame ; plus une somme de 600 livres au couvent des Frères Prêcheurs de Béziers, à la charge de certains services et de dire un annuel de 15 messes ; une écuelle d'argent et six cuillères pour être mises au service de l'autel, et une tapisserie de Bergame pour la chapelle de Saint-Raymond dans laquelle elle voulut être enterrée.

10 décembre 1683. — Acte par lequel Damoiselle Claire Moufflette, de Narbonne, veuve du sieur de Belleville, donne au couvent des Frères Prêcheurs de Béziers, une rente de 30 livres pour une fondation de messes.

17 juin 1687. — Testament par lequel Messire Jean-Henri René de Chefdebien, vicomte d'Armissan, lègue une rente obituaire de 60 livres.

27 décembre 1688. — Testament par lequel M. André Brun, de Narbonne, donne au vicariat de Mougères la somme de 400 livres, qu'il veut être employée ou à la réparation de l'église dudit Mougères, ou pour être mis en fonds sur une communauté, à condition qu'on dira tous les lundis une messe pour le repos de son âme.

21 janvier 1754. — Acte par lequel les prêtres chanoines réguliers de l'ordre de Saint-Augustin, congrégation de France, composant le chapitre de l'abbaye de Saint-Jacques, de Béziers, constituent et établissent en faveur de la communauté des Frères Prêcheurs une rente annuelle de 100 livres.

Les Frères Mineurs. — Cordeliers et Récollets.

Il y a quatorze ans environ, le 19 janvier 1875, entouré de plusieurs prélats, appelés à Montpellier (1), et d'un nombreux clergé, en présence du Provincial accompagné d'une délégation des religieux de l'Ordre, et au milieu d'une

(1) NN. SS. les archevêques d'Avignon et d'Aix, les évêques de Viviers, de Nimes, de Carcassonne, de Perpignan, et le R. P. abbé mitré de la Trappe de Sainte-Marie-du-Désert près Toulouse.

grande multitude attirée par la cérémonie, sur un monticule du tènement dit le *Pastissou*, Mgr de Cabrières, évêque de Montpellier, scellait solennellement la première pierre du monastère des RR. PP. Franciscains de l'étroite observance. C'était prendre la population à témoin du raccordement de la chaîne brisée des Frères Mineurs avec la chaîne renouvelée du même ordre. L'arrivée des nouveaux religieux fut l'objet d'une grande manifestation. Partout des regards sympathiques les saluaient sur leur passage. Ils étaient parvenus en peu de temps à édifier un vaste monastère et une remarquable église où l'application des décrets du 29 mars 1880 a fait cesser les chants et a amené la solitude par l'expulsion et la dispersion des religieux, le samedi 12 octobre 1882 (1).

L'ordre des Frères Mineurs apparut au XIIIe siècle. Il tirait son origine de Saint-François, né en 1182, à Assise, petite ville de l'Ombrie. Sa règle fut approuvée en 1210 par le pape Innocent III. Elle prescrivait une pauvreté absolue et la plus grande humilité se greffant sur la vie la plus austère. Le fondateur voulait que ce fût la vie même de l'Evangile mise en pratique avec le détachement le plus complet des choses du monde.

L'ordre des Frères Mineurs a vu se produire dans son sein, dès l'origine, deux courants de vie religieuse dus à l'interprétation différente de la perfection de la règle. L'histoire a consacré ces deux classes de religieux sous les noms de *Conventuels* et d'*Observants*. Une nouvelle fraction fut introduite en 1556 sous le nom de *Capucins*. Tous se livrent à la vie apostolique qui est la vie propre des enfants de saint François d'Assise.

(1) On lit dans le journal *l'Hérault* du 18 octobre 1882 : « M. Eyraud, commissaire de police, faisant fonction de commissaire central, assisté de son collègue M. Dégans et de deux brigades de gendarmerie, est venu, dès le matin, en vertu d'un mandat de M. le Préfet (Fresne) signifier aux Franciscains l'ordre de vider les lieux..... »

Les Frères Mineurs portaient une robe de méchant drap de couleur de cendre, ceinte autour des reins par une corde blanche, avec un capuchon court arrondi. Leur tête rasée ne conservait qu'une couronne de cheveux ; leurs pieds étaient nus. Ils se partagèrent en plusieurs congrégations.

Les *Cordeliers*, c'est-à-dire ceux qui avaient une corde pour ceinture, comptaient plusieurs couvents dans le Midi de la France. En 1238, le frère Ange de Tancrède, du couvent d'Arles, était venu porter la parole évangélique à Béziers, sur la demande de Bernard V, de Cuxac, évêque de cette ville. Il prêcha avec le plus grand succès, et en retour il obtint de ce prélat la permission d'établir à Béziers un couvent de son ordre. Cette maison était située au faubourg Saint-Jean, au-delà de la porte Saint-Guillaume, dans cette partie de la ville aujourd'hui circonscrite par la route de Montpellier et celle de Bédarieux (1). L'établissement définitif de ces religieux devait avoir lieu en 1254.

En 1355, au milieu de la terreur répandue par l'invasion du prince de Galles, les habitants de Béziers démolirent les couvents, les églises et les maisons bâties dans „ les faubourgs, très beaux et très amples du côté du septentrion et du levant „ , pour ôter à l'ennemi le moyen de s'y établir. Le danger passé, les Cordeliers, privés de leur couvent, furent réintégrés dans l'intérieur de la ville. Près de la petite porte de la promenade ils furent gratifiés d'une maison ayant appartenu aux Templiers, où ils rebâtirent leur couvent et leur église.

Dans la grande famille des moines de saint François d'Assise s'engendra la secte des Bégards appelés aussi Fraticelles ou Frères de la pauvre vie, qui, sous prétexte

(1) ..... Carreria qua tenditur de portali Sancti Guilelmi versus Fratre minores....., dit un acte ancien.

de remédier à certains abus, exagéraient le principe de la règle de leur glorieux fondateur et affichaient des prétentions à une excessive pauvreté. Ils allaient jusqu'à se dénier à eux-mêmes la propriété des aliments dont ils se nourrissaient. Au nom de Fraticelles se rattache intimement celui de Pierre-Jean Olive, célèbre dans nos annales, auteur de maints écrits qui le firent condamner comme hérétique. Né vers 1247, au village de Sérignan (1), il fut admis à l'âge de 12 ans, au couvent de Saint François d'Assise, de Béziers, et il mourut le 16 mars 1297 dans celui de Narbonne, après s'être converti (2).

Les désordres du XVIe siècle avaient été préjudiciables aux couvents. La discipline s'était affaiblie. La règle, quelque sévère qu'elle eût été, fut exposée à des atteintes plus ou moins sérieuses. Une réforme fut jugée indispensable. Depuis l'année 1530, les Frères Mineurs, attaquant le mal dans sa racine, s'étaient soumis à une réformation ; mais tous ne se plièrent pas avec la même docilité : d'aucuns même résistèrent. Ceux qui consentirent à se réformer observaient à la lettre la règle primitive de saint François. Ils furent désignés sous le nom de *Récollets.* Ils s'établirent à Paris en 1603. Les rois Henri IV, Louis XIII et Louis XIV furent très favorables à cette réforme.

Les Frères Mineurs ou Cordeliers de Béziers se montrèrent réfractaires et repoussèrent toute idée de changement dans leur vie. La chronique ne les présente pas comme des modèles d'édification. Aussi le cardinal Jean de Bonsy, évêque de Béziers, conçut-il le projet de les répudier, en voyant qu'il n'avait pu les ramener par ses sages avis. Il entreprit donc de les bannir de leur monastère pour leur substituer des *Récollets.* Il fut d'abord contrarié dans ses plans par des menées secrètes de la part même de gens

(1) Cne, 2e canton de Béziers.

(2) Sabatier, *Histoire de la ville et des évêques de Béziers*, page 274.

qui auraient dû s'abstenir de toute intervention, en dépit de la lettre écrite par le roi au provincial des Cordeliers de Languedoc, pour le prier de céder au prélat le couvent de Béziers :

« Cher et bien aymé, Désirant que les pères Cordeliers de vostre ordre qui se veullent refformer puissent trouver retrete commode en vostre province pour le faict d'une sy bonne et saincte intention, nous vous escrivons ceste lettre pour vous dire que nous aurons tres agreable que vous leur fassiès bailler le couvent de Béziers, suivant la priere qui vous en a esté faicte par l'evesque de ladicte ville et la plus grande partye des habitants d'icelle, meue d'une singuliere devotion, affin que, par l'exemplaireté de vye desd. relligieux refformée, le peuple en reçoive toute consolation et edification, et vous nous ferés service tres agreable. Donné à Fontainebleau le dixiesme jour d'octobre mil six cens six. *Signé :* Henry. Et plus bas, *Bruslard*, et au dessus de lad. lettre est escript : A nostre cher et bien aymé le père provincial des Cordeliers de Languedoc » (1).

S'autorisant d'un arrêt du Conseil d'Etat du 27 juin 1606 et s'appuyant sur les bulles des papes Clément VII, Grégoire XIII et Clément VIII, Jean de Bonsy établit, avec l'agrément des consuls, les Récollets dans la maison des Cordeliers (17 janvier 1607).

Le procédé de l'évêque et la conduite des consuls, qui l'avaient assisté dans l'exécution de l'arrêt du Conseil d'Etat, sont incriminés et un appel comme d'abus est introduit au Parlement par le syndic des Cordeliers. L'affaire était encore pendante lorsqu'une circonstance aida les Cordeliers à user de représailles et vint servir leur vengeance. Ecoutons le chroniqueur :

„ Despuis, 19 février 1607, les Cordelliers ayant surprins lesd. Récollets se seroient reunis dans led. couvent une

(1) Registre de Omnibus, t. 3, f° 21.

heure avant la nuit et jettés dehors lesd. Recolletz qui sans fere resistance seroient librement sortis, et conduits d'un vieulx religieux qui portoit un crucifix à la main se seroint retirés à la maison episcopale dud. sieur evesque „ (1).

Cependant, le Parlement, faisant droit (29 mai) à la requête que lui avait présentée le syndic des Cordeliers, décida que l'affaire serait mise en jugement pour examiner un acte d'opposition fait par l'évêque, le syndic des Récollets et les consuls qui, combinant leurs efforts, s'étaient adressés à la Cour pour demander que „ lesd. Récolletz fussent réintegrés dans leur couvent et remis en possession des reliques, ornemens et mubles, et autres fins contenues dans l'acte d'assignation „. L'évènement eut une plus grande portée qu'on ne pense. La ville fut en proie à une véritable agitation et les Cordeliers rencontrèrent de zélés défenseurs pour solliciter leur maintien dans le couvent dont ils avaient repris possession, comme l'atteste le document suivant :

L'an mil six cens sept et le second jour de may aprez-midi, regnant tres chrestien prince Henry, par la grâce de Dieu roy de France et de Navarre. Pardevant Me Jacques d'Arnoye, seigneur dud. lieu et d'Avesne, conseiller du Roy, president et lieutenant au siege presidial de Beziers, dans la maison de son habitation ont comparu Mes Milles de Marion, chevalier, seigneur de Prenhe et Lavagnac, conseiller du Roy en son conseil d'Estat et tresorier general de France en Languedoc, Estienne Forcadel, Jean Cassan, conseiller du Roy au siege presidial de Beziers, Jean d'Assier, seigneur et prieur du prieuré Nostre Dame de Cassan, Pierre Boyer, escuyer, seigneur de Sorgues, Jacques de Maureilhan, seigneur de Fouillan, Hierosme de Veye, conseiller du Roy, receveur general des finances et gabelles en Languedoc, Gabriel de Plantavit, seigneur de Serinhan et de Maraussan, sieur de Ribaute, sieur de Labarthe, Guillaume du Folquier, sieur de la Melisse, Tristand Disert, sieur de Rayssac, Pierre Max du Soustre, sieur de Réals et Mus,

(1) Registre de Omnibus, tome 3, f° 33.

Pierre de Pradines, Jean de Cadron, Jean du Clapiers, Anthoine Menigol, Henry d'Assier, Sebastien de Besson, Estienne de Crès escuyer, Geoffre Pomerols, Pierre Romieu chirurgien, Nicolas Basset, Pierre Balheron, Anthoine Dellon apothicaire, Jean Baptiste Grandic, Voyer de la Bergere, Jean Gabrias, Nicolas Verdel, habitants de la ville de Beziers, lesquels en suite et consequence de la declaration par la plupart deulx et autres estans de la ditte ville faicte le onziesme d'apuril dernier par devant ledit sieur president, par laquelle soubs le bon plaisir du roy et de la cour du parlement, ils auroint dit leur intention et devotion estre que les religieux de la religieuse observance de saint François soyent continuez et maintenuz au couvent de Beziers pour raisons y desduites et pour y continuer le service divin suivant lantienne coustume, ont tant pour eulx que les aultres signez audictacte, sans revocation de leurs autres procurations, fait et constitué leur procureur Me ....., procureur en ladite cour de parlement, pour et en leur nom faire pareille declaration que dessus est dict en ladicte cour de Parlement et partout ailheurs ou besoing sera, et desadvouer toute poursuitte que au nom de la dicte ville pourroit estre faite au contraire, et quant a l'introduction faicte audict couvent des P. Recollets comme faicte contre la volonté et intention du plus grand nombre des habitants de lad. ville et pour tout autrement generallement y faire, declairer et requerir comme les dits constituants feroint y estans en personne (1).

Mais la victoire ne devait pas rester aux Cordeliers, et le jugemeut de la cour de Parlement ne leur fut pas favorable.

« L'affaire fut plaidée fort au long par trois diverses audiences tenues à huiz clos et les autres à huiz ouverts. La Cour faisant droit à la requeste de l'evesque, sans avoir esgard à l'appel comme d'abus, ni à la requeste du syndic des religieux observans de l'ordre de saint Françoys, a declairé et declaire n'entendre empescher que l'ordonnance donnée par ledict sieur evesque ne sorte effect et ne soit exécutée selon sa forme et teneur, Enjoinct au provincial

(1) Arch. départ. Témoignage de la ville de Beziers en faveur de l'Observance contre les Récollets.

dud. ordre de pourvoir auxd. religieux de l'Observance des autres couvents de sa province, ainsy qu'il verra estre à fere par raison, et sans despens, et pour cause. Prononcé à Tholoze en Parlement, le 1er jour du mois de juing 1607. *De Malenfant*, signé ». (1)

Malgré cette condamnation explicite, les Cordeliers ne s'émurent point, restèrent dans le couvent qu'ils avaient envahi et refusèrent d'obéir. L'évêque, de guerre lasse, fit appel au Souverain Pontife. Paul V, reconnaissant la justice des réclamations épiscopales et approuvant la ligne de conduite qui était suivie, ordonna que les Cordeliers seraient transférés dans des maisons régulières et que leur couvent passerait entre les mains des Récollets auxquels il conférait en même temps la direction et la conduite du monastère de Sainte-Claire, comme l'avaient eue les Cordeliers, en vertu de la bulle suivante :

Paulus PP. V.

Dilecto filio ministro provinciali ordinis fratrum minorum sancti Francisci de Observantia provinciœ sancti Ludovici (2).

Dilecte fili, salutem et apostolicam benedictionem. Cum, sicut fide dignorum testimonio non sine animi nostri dolore accepimus, fratres domus ordinis fratrum minorum de Observantia Bitterensis, vocationis immemores, scandalose prœsertim circa curam et gubernium monialium monasterii ordinis se gerant et monitis venerabilis fratris episcopi Bitterensis obtemperare recusent, Nos in his remedium opportunum adhibere volentes, supplicationibus nostri carissimi in Christo filii nostri Henrici Francorum regis christianissimi nobis desuper humiliter porrectis inclinati, tibi in virtute sanctœ obedientiœ ac sub indignationis nostrœ, nec non excommunicationis majoris eo ipso incurrendœ, ac privationis tui officii pœnis, per prœsentes committimus et mandamus, ut statim fratres prœfatos a dicta domo amoveri, et ad alias ejusdem

(1) Registre de Omnibus, t. 3, f. 33.

(2) L'ordre était divisé en provinces, définitoires et custodies. Le couvent des Récollets de Béziers fit partie de la province de Saint-Bernardin érigée sous Louis XIII par Paul V (Bulle du 22 juin 1612).

ordinis regulares domos transferri, eorumque domum ab eis relictam cum ecclesia ac juribus et pertineutiis suis fratribus reformatis ejusdem ordinis consignari mandes et facias, prout nos, apostolica aucthoritate, tenore presentium amovemus, transferimus et consignamus respective; nec non monasterium monialium prœfatum illiusque pro tempore abbatissam seu priorissam et moniales ac res et bona quœcumque a cura, gubernio et regimine dictorum fratrum de Observantia perpetuo tollimus et eximimus, illasque et illa fratrum reformatorum ejusdem ordinis curœ, gubernio et regimini tam spiritualibus quam temporalibus eadem auctoritate perpetuo committimus. Mandantes similiter in virtute sanctœ obedientiœ ac sub indignationis nostrœ, et excommunicationis latœ sententiœ pœnis eisdem fratribus de Observantia, ne se de cœtero in gubernio et regimine dicti monasterii ejusque abbatissœ seu priorissœ et monialium ac rerum et bonorum hujusmodi intromittere audeant seu prœsumant; ipsis vero abbatissœ seu priorissœ et monialibus, ut fratres reformatos prœfatos in earum superiores habeant et recognoscant, ac eorum salubria monita et mandata suscipiant humiliter et efficaciter adimplere procurent; alioquin sententiam sive pœnam quam rite tulerint seu statuerint in rebelles ratam habebimus et faciemus auctoritate Domino usque ad satisfactionem condigna inviolabiliter observari. Nonobstantibus constitutionibus et ordinationibus apostolicis ac monasterii, domus et ordinis prœfatorum juramento, confirmatione apostolica, vel quavis firmitate alia roboratis statutis et consuetudinibus, privilegiis quoque indultis el litteris apostolicis monasterio, domui et ordinibus prœfatis ac illorum superioribus et personis in contrarium prœmissorum quo modo libet concessis confirmatis et approbatis : quibus omnibus et singulis eorum tenores prœsentibus pro expressis, et ad verbum insertis habentes, illis alias in suo robore permansuris, hac vice duntaxat specialiter et expresse derogamus, cœteris que contrariis quibuscumque.

Datum Romœ apud sanctum Petrum sub annulo Piscatoris die XVIII martii millesimo sexcentesimo octavo, pontificatus nostri anno tertio. Scipio Cobellutius. D. Sic in suo originali de verbo ad verbum (1).

Quand même cette bulle portât la peine d'excommunication contre les contrevenants, elle ne fit pas fléchir les

(1) Registre des annales du couvent de Sainte-Claire, f° 73 verso.

esprits ni cesser les difficultés. Les Cordeliers s'obstinèrent à ne pas vouloir quitter leur maison. Comme on ne pouvait pas vaincre leur résistance, on imagina d'user de subterfuge en saisissant une occasion fortuite. Pendant que les Cordeliers étaient sortis de leur couvent et qu'ils faisaient une procession dans la ville, on profita du moment de leur absence pour introduire les Récollets dans la maison entièrement libre. A leur retour ils trouvèrent les portes closes et la place occupée. On ne tint aucun compte de leurs protestations. Les Récollets s'y trouvaient et y restèrent. Pour couper court, les Cordeliers se désistèrent. Ils reconnurent qu'ils n'avaient plus qu'à se retirer et ils se réfugièrent dans d'autres couvents de leur ordre, renonçant à disputer aux Récollets la prise de possession du couvent qu'ils occupaient et leur abandonnèrent le droit d'en jouir paisiblement (1). 1608.

Les Récollets apportèrent beaucoup de zèle et de dévoûment pour soigner les malades dans les temps que la peste exerçait ses ravages. Lorsqu'en 1732, les Augustins discontinuèrent le service de la maison de ville, les consuls nommèrent les Récollets à leur place. Ces religieux faisaient aussi le service de la métairie de Lésignau (2), dépendant de la manse du prieuré de Cassan (3). A Clermont-l'Hérault, de 1611 à 1789, l'hôpital actuel servit de couvent à des Récollets venus de Béziers. La petite ville de Gignac possédait aussi un couvent de Récollets. Tous les ans, le jour de la fête solennelle de Notre-Dame-de-Grâce, on y voyait accourir ceux du couvent de Béziers, au nombre de 30 ou 40 qui, par leur concours, aidaient leurs frères à satisfaire à la dévotion des personnes pieuses qu'avait attirées ce lieu de pèlerinage.

(1) Bulletin de la Société Archéologique, 1re série, t. 2, p. 203.

(2) Comm. de Béziers, route de Maureilhan.

(3) Château, commune de Roujan.

Le chœur de leur église, dont la chapelle dite des Pénitents-Bleus n'est qu'une réduction, aboutissait aux murailles de la ville. C'est là qu'ils faisaient soutenir des thèses. En 1766, ils les dédièrent aux consuls de Béziers qui, pour marquer combien ils étaient sensibles à un pareil honneur, tinrent un conseil particulier et délibérèrent que la ville et la communauté, sous le bon plaisir de l'Intendant, fourniraient aux frais qu'il conviendrait de faire dans une telle occasion. (1)

Les Etats de la province s'assemblèrent plusieurs fois dans leur réfectoire. C'est dans leur couvent que se firent, en 1789, les élections du clergé et de la noblesse. Vendu nationalement avec son église, ses jardins, ses cours et tout l'enclos en dépendant, il fut adjugé le 11 juillet 1791 par le Directoire du district de Béziers, au prix de 32.600 livres, aux citoyens Bourrillon, agent de change, Sourris et Cros, qui se le partagèrent. L'église, le clocher, la partie du cloître dans toute sa longueur jusqu'au mur du rempart, composant le lot échu à Sourris, tout cela passa successivement dans les mains de Fontenay, de Bonnavialle, de Cabanes, de Marc Mouret, de Donnadieu qui en achetèrent des portions (2). Tandis que le tout a été transformé en maisons particulières, une partie de l'église a échappé à la destruction. En 1814, Bru, nouvel acquéreur, fit construire le mur de refend auquel s'appuie le maître-autel. Les Pénitents-Bleus y faisaient leurs offices moyennant une rente qu'ils payaient au propriétaire. Quand leur confrérie fut dissoute, l'édifice fut racheté au prix de 6000 francs par M. l'abbé Gayraud, curé de Sainte-Madeleine (juillet 1830 — avril 1850), et donné à la fabrique de cette paroisse dont elle forme aujourd'hui une annexe très utile. Elle renferme à l'intérieur des pierres armoriées,

(1) Conseil réduit du 2 nov. 1766.

(2) Acte reçu le 17 floréal an 2, par M. Azaïs, notaire, et communiqué par M. Louis Bonnet, trésorier de la Société Archéologique.

tant de la ville que de familles particulières, perpétuant le souvenir de bienfaits reçus, un tableau de saint François de Sales prêchant au Louvre devant Henry IV, quelques chapiteaux de forme remarquable, un ex-voto sous forme de petit navire suspendu à la voûte. „ Son portail, spécimen assez beau de style ogival de transition du xve au xvie siècle, se compose de deux portes en arc surbaissé, accolées d'une ogive dont la pointe s'épanouit en un bouquet de feuillages ; les montants de ces portes sont creusés en niches surmontées de dais richement sculptés, et sont flanqués de pilastres composés de faisceaux de prismes, étagés et ornés de feuilles à crochets „ (1).

Les Pères de la Mercy

Bien longtemps avant la conquête d'Alger, le commerce maritime était loin d'être libre. De nombreux pirates sillonnaient la mer Méditerranée; les navires pourvus d'une abondante cargaison étaient arrêtés et capturés par les Barbaresques et les Musulmans ou Turcs ; des milliers de chrétiens gémissaient et vieillissaient dans les prisons des Maures. Tant de maux devaient avoir un terme. On vit se former dans nos provinces méridionales une association religieuse d'hommes résolus à consacrer leur vie à la libération des captifs. Telle fut la mission de l'ordre de Notre-Dame de la Mercy, établi par saint Pierre Nolasque, notre compatriote, car il était né vers 1189 à Mas-Saintes-

(1) Sabatier, *Histoire de la ville et des évêques de Béziers*, p. 107.

Puelles, dans le diocèse de Saint-Papoul (1). La sainte Vierge lui avait apparu dans la nuit du 1er août 1218 pour lui dire que c'était la volonté de Dieu qu'il travaillât à l'établissement d'un ordre dont les religieux s'obligeraient par vœu particulier de s'employer au rachat des captifs. Cet ordre fut confirmé par Grégoire IX, en 1230. Le premier couvent fut fondé en 1232, à Barcelone, et dédié à sainte Eulalie, patronne de cette ville.

L'ordre fut d'abord composé de prêtres et de chevaliers, les uns pour vaquer au service divin, les autres pour travailler au rachat des captifs. Le commandeur général était un prêtre. Les prêtres avaient une tunique blanche et une chape sur leur scapulaire ; le costume des chevaliers était blanc aussi, mais purement séculier, à la réserve d'un petit scapulaire qu'ils mettaient sur leurs habits. Les chevaliers se retirèrent et ils ne resta plus que les prêtres. Le roi d'Aragon, pour témoigner son amitié à ces religieux, voulut qu'ils eussent sur leur scapulaire l'écusson de ses armes *de gueules à trois pals d'or, avec une croix d'argent en chef*. Ces religieux, outre leurs trois vœux monastiques, faisaient celui d'engager leur propre personne et de demeurer en captivité s'il était nécessaire pour la délivrance des captifs. Désignés sous le nom de *Pères de la Rédemption*, ils furent revêtus d'une robe de couleur sombre, la tête couverte d'un épais capuce, les reins ceints d'une corde et les pieds chaussés de sandales de bois.

Les religieux de la Mercy comptèrent de nombreux couvents. Perpignan, Montpellier, Toulouse les reçurent dans leur sein. Béziers leur offrit aussi un asile et leur ouvrit ses portes. Ils eurent leur maison dans le bourg Montibel (2). C'était un beau couvent „ avec église, cloistre

(1) Canton et arrondissement de Castelnaudary (Aude).

(2) Acte du 8 mai 1481 :

« ...... tradent (les PP. Augustins) totam eorum domum sive conventum situm infra villam Biterre, propo portale Turris Ventosæ, prout confrontatur ab una parte, scilicet a parte occidentis cum cursuria murorum et conventu

et jardin, de fondation royale, une des anciennes marques de la piété de saint Louys, roi de France. „ Il avait été construit dans le fief du chapitre de Saint Aphrodise, et les religieux lui en „ passèrent recognoissance en 1537, „ comme il résulte des extraits du compoix de 1555.

Bientôt une discorde affreuse, inexorable, souffla son venin sur la France tout entière. Les catholiques et les calvinistes, après avoir provoqué une grande agitation, en vinrent aux prises ; leur ardeur à se combattre sema partout le désordre et la destruction et fit couler des flots de sang. Le terrible signal fut donné en 1562 par le massacre de Vassy „ le premier son de la trompette qui retentit dans toute la France „ selon l'expression de l'historien de Thou. La rapidité des conquêtes des protestants fut inouïe. En moins de trois semaines plus de trente-six villes furent prises, telles que Montauban, Castres, Montpellier, Nimes, Pézenas, Béziers, pour ne citer que des villes du Midi.

Dans cette douloureuse circonstance, le couvent de la Mercy (*Beata Maria de Mercede*) fut mis à sac et au pillage. Les religieux, obligés de sortir de leur retraite, se réfugièrent dans le couvent de Carcassonne où ils restèrent jusqu'à ce que l'arrivée en Languedoc de Montmorency-Damville eût ramené le calme dans la province et qu'il leur fût permis de rentrer dans leur maison. Néanmoins de nouveaux troubles ne tardèrent pas à éclater et à bouleverser le pays. Les plus grands maux se renouvelèrent. On massacra impitoyablement des religieux qui ne purent pas fuir.

Les consuls, restés maîtres du couvent, profitèrent de cette occasion pour procéder à sa démolition, et ils se servirent des matériaux pour faire réparer et fortifier les murailles de la ville. Mais un retour de religieux, sur

Beatœ Mariœ de Mercede, Notre-Dame de la Mercy. » Archives municipales et Bulletin de la Société Archéologique, 2e série, t. 4, p. 277.

lequel on ne comptait pas, surprit les consuls et les jeta dans un très grand embarras. En effet, les Pères de la Mercy se plaignirent du procédé de spoliation dont ils avaient été victimes et portèrent leurs réclamations devant l'intendant de la province qui, s'empressant de faire reconnaître leurs droits, ordonna leur rétablissement. Injonction fut faite aux consuls de les recevoir et de pourvoir à leurs besoins. Une sentence du Sénéchal, rendue le 29 avril 1570, les condamna à fournir aux religieux une maison „ commode pour leur logement et la célébration du divin service„. Elle portait qu'à défaut d'exécution de ce jugement provisionnel, il serait donné immédiatement aux plaignants le local des anciennes écoles ou la maison du religionnaire Malbois, un des séditieux qui avaient participé à la destruction de leur couvent, à leur choix. M. de Boria, conseiller au sénéchal et commissaire, se transporta aux petites écoles qu'il trouva dans un très grand délabrement et qu'il déclara insuffisantes pour l'usage auquel on les destinait ; on leur adjoignit une partie de la maison de Malbois où les religieux logèrent quelque temps. Un oratoire avait été installé dans les vieilles écoles pour y célébrer les saints offices. Ce lieu avait été trouvé si incommode et si peu convenable que la cour spirituelle de Béziers défendit, sous peine d'excommunication, d'y faire aucun service divin et d'y célébrer la messe. De plus, Malbois ayant été remis en possession de ses biens à la suite des édits de pacification (1573), les religieux furent contraints de déloger. Il ne se trouvait pas de lieu plus commode pour le service des autels que celui de l'ancien couvent. Mais la restauration n'en put pas être accomplie. Les troubles religieux s'étant renouvelés d'une façon pire que jamais, les religieux de la Mercy furent chassés non seulement de Béziers mais aussi de Carcassonne. L'ancien sol de leur couvent, avec la maison de Cisternay, fut occupé par le collège où les consuls installèrent les Jésuites en 1599.

Une longue période de temps s'était écoulée, lorsque les PP. de la Mercy conçurent la pensée de revenir à Béziers et de relever leur premier couvent. Leur projet se heurta à beaucoup de difficultés. Ce qui restait de leur maison avait reçu une nouvelle destination mise en lumière par un jugement des requêtes de 1661 et confirmée par un arrêt contradictoire du Parlement rendu en 1665 au profit du chapitre de Saint-Aphrodise, contre les consuls et le syndic de la ville de Béziers. Il était à considérer que l'établissement des religieux, dans une ville, dépendait particulièrement de l'évêque et des habitants. L'évêque de Béziers n'était pas dans le dessein de consentir à un second établissement de ces religieux parce que, comme c'était un ordre militaire, ils étaient continuellement absents pour combattre et veiller à la défense des intérêts confiés à leur dévoûment. Les habitants se trouvant liés par le contrat d'établissement devraient les secourir de leur charité et les faire subsister, et les religieux ne serviraient pas la ville dans leurs fonctions. L'ordre de la Mercy n'était fondé que pour faire des quêtes et des missions afin de racheter les chrétiens que le sort des armes ou la disgrâce de la fortune avait fait tomber entre les mains des infidèles (1). Une lourde charge ne pesait-elle pas sur les premiers ? Ils avaient été obligés de recevoir, outre les Jésuites, deux nouveaux ordres mendiants, les Capucins et les Minimes. Leur rétablissement donnerait une besace de plus, lorsque la ville était déjà surchargée de dix ou onze ordres religieux d'hommes ou de femmes, et dans un temps où le peuple était très misérable. Il n'était pas possible de faire droit à la demande des PP. de la Mercy, et pour mettre un terme à leurs pressantes instances, Mgr de Biscaras, évêque de Béziers, obtint contre eux du Conseil d'Etat du Roi, l'arrêt suivant :

(1) « Pendant le ministère du cardinal de Richelieu, durant la régence de la feue reyne et depuis la majorité du roy, heureusement régnant, ils ont racheté plus de mille François » dit un document de l'époque.

Sur la requeste presentée au Roy en son conseil par le sieur Euesque et Seigneur de Beziers contenant que soubz pretexte qu'il y a eu autrefois un couuent de Religieux de la Mercy dans lad. ville de Beziers, qui fut desmoli pendant les troubles de la religion pretendue refformée en l'année 1562, quoiqu'il y paroisse par quelques appointemens du seneschal de Beziers de l'année 1570 qu'il feust pourueu a l'indemnité desd. religieux PP. de la Mercy, qui ont depuis volontairement aliené les biens qu'ils possedoient dependans de la pretendue fondation de leur monastere ainsi qu'il paroist par des contrats qu'ils en ont passez, et que d'ailleurs par les edictz de paciffication depuis suruenus ceux de la R. P. R. ne peussent estre recherchés pour raison de lad. desmolition, moins encore les habitans de lad. ville quils ne l'auoint point faicte, et que lesd. religieux de la Mercy ne s'estant mis en aucun estat de demander le restablissement depuis que les troubles suruenus a l'occasion de la religion ont cessé, les habitans de lad. ville ayans souffert l'establissement de diuers ordres de religieux et beaucoup de communautez plus utiles au publiq et a la religion sans aucune opposition desd. religieux de la Mercy, scauoir les Peres de la compagnie de Jesus, les Minimes et autres, neantmoingz plus d'un siecle aprez lesd. religieux de la Mercy demandent led. establissement, mais d'autant qu'aprez les nouueaux establissemens qui ont esté faicts depuis en ladite ville qui se trouue d'ailleurs accablée de diuerses charges locales, ausquelles elle a peine de satisfaire, en sorte qu'elle n'auroit pas moyen de pouruoir a l'entretien et faire subcister cette nouuelle communauté de Religieux qui n'auroit pas d'ailleurs de quoy pouuoir subcister d'elle mesme, n'ayant aucuns reuenus, et que d'ailleurs la pretention desd. Religieux deuroit estre considerée comme un nouueau establissement qui ne pourroit estre fait que du consentement et par la permission et authorité de Sa Magesté ; et d'aultant que bien loin qu'il y ait lieu de faire de nouueaux establissemens de maisons religieuses que au contraire ils sont tres etroitement defendus par les reglemens du royaume et par les Ordinaires, aussy bien que par les constitutions des papes, de quoy fait foy la bulle du pape Innocent contenant l'extinction et suppression de tous les petits couuents d'Italie et des terres adjacentes ou on ne peut pas entretenir un nombre suffizant de religieux pour l'entiere et parfaite obseruation de la discipline reguliere et ou les offices et exercices dependans de l'institution de la vie religieuse et monastique et qui lui seruent comme de fondement ne peuvent pas estre faits auec la decence requize. A ces causes requeroit led. suppliant qu'attendeu que les nouueaux establissemens produisent des effects contraires aux pieuses intentions de ceux qui les font et ne seruent le plus souuent que de sujet de scandalle et de matiere de relachement et desordres les plus graues, et qu'il est du debuoir du suppliant de remedier en tant qu'il est en son pouuoir ausd. inconuenians, qu'il pleust a Sa Magesté faire inhibitions et defences ausd. religieux de s'introduire dans lad. ville ny d'entreprendre d'y faire aucun nouueau establissement que par la permission expresse de Sa Magesté, et attendeu qu'il n'y peut auoir aucune cause legitime pour leur accorder cette permission, les declarer descheus de leurs pretentions et leur faire deffence de rien faire ny attenter pour raison de ce, a peine de nullité, saulf ausdits Religieux d'agir contre les sindic et consulz de lad. ville pour leurs pretendus interetz ciuils ainsy où et pardeuant qu'il appartiendra. Veu lad. requeste signée Barbot aduocat au conseil, Ouy le rapport et tout consideré, le Roy estant en son conseil ayant esgard a lad. requeste a Ordonné et ordonne que lesd. Religieux de la Mercy ne pourront faire a l'aduenir aucun nouueau establissement de couuant de leur ordre dans lad. ville de Beziers, et a ceste fin leur fait tres expresses deffences de s'introduire en icelle sans permission de Sa Magesté a peine de nullité. Fait au Conseil d'Estat du Roy, Sa Magestè y estant, tenu à Saint Germain en Laye le xviij[e] jour du mois de janvier mil six cens soixante quinze. Phélypeaux, signé.

Louis, par la grace de Dieu Roy de France et de Nauarre, au premier nostre huissier ou sergent sur ce requis, Nous commandons par les presentes signées de nostre main que l'arrest de nostre Conseil d'Estat cy attaché soubz le contrescel de nostre chancellerie donné Nous y estant sur la requeste du sieur Euesque de Beziers tu signiffies tant aux Religieux de la Mercy dessus nommez et leur faicte les deffences y contenues, mesme a tous autres qu'il appartiendra, a ce qu'ils ayent a y defferer et obeyr, de ce faire tous autres exploictz et actes de justice que besoin sera te donnons pouuoir, authorité, commission et mandement special sans pour ce demander autre permission, Car tel est nostre plaisir. Donné à Saint Germain en Laye le xviij[e] jour de janvier l'an de grace mil six cens soixante quinze et de nostre regne le xxxij[e]. *Signé :* Louis. *Par le Roy, signé :* Phélipeaux. Scellé et contrescellé auec cire jaune (1).

Mais cet arrêt ne fut signifié aux Pères de la Mercy que le

(1) Registre de Omnibus, t. 6, f° 227 verso.

8 juin suivant, et les religieux ne cessèrent d'invoquer, pour faire valoir leurs droits, un arrêt du parlement rendu le 28 février 1675, portant que la communauté était tenue de leur fournir un terrain et une somme de deux mille livres pour le rétablissement de leur couvent. Ne se considérant pas comme vaincus, ils s'étaient établis à leurs dépens dans une maison de la rue du Gua, au porche Balthazar, non loin de l'Hôpital Mage, et ils devinrent les confesseurs des pauvres de cette maison. C'est ce qui résulte de deux quittances de soixante livres, des années 1673 et 1674, signées par le R. P. Hyacinthe Carrat, „ religieux de l'ordre de Notre-Dame de la Mercy, rédemption des captifs „.

A une autre époque, les Pères de la Mercy, reprenant leur projet, renouvelèrent leur tentative pour obtenir droit d'existence dans Béziers. En septembre 1730, le bruit se répandit qu'ils avaient acheté secrètement la maison de Mme de Ribaute, au quartier de Saint-Aphrodise. Tout le monde fut unanime pour répéter que leur établissement ne saurait qu'être onéreux en raison du nombre des couvents qui existaient déjà. Le choix de cette maison présentait un côté désagréable. Elle était contiguë au couvent des religieuses de Sainte-Claire. La vue plongeait dans leur jardin et cet inconvénient les allait priver du seul endroit où elles pussent se réunir à l'heure de leurs petites récréations. Les amis de la maison s'en inquiétaient et c'était justice.

Bientôt le bruit se changea en certitude (1). Le provincial

(1) Voici ce que relate un acte particulier : « Les Pères de la Mercy ont acquis, par contrat du 7 septembre 1730, une maison, basse-cour, puits, jardin, patus et autres dependances dans l'enclos de cette ville, au bourg dudit Saint-Aphrodise, confrontant de terral M de Bouat, chanoine, la rue non passante et le sieur Jean Abbes, du midi le sieur Abbes, les dames de Sainte-Claire, epanchoir entre deux et M. Chalon aussi chanoine, du marin ledit sieur Chalon, et d'aquilon le plain de Saint-Aphrodise, ladite rue non passante, les heritiers de Jean Villebrun, etc. » Ladite maison relevait de la directe de l'abbé et du chapitre de Saint-Aphrodise. Les Pères leur payèrent une somme de quinze cents livres.

des Pères de la Mercy écrivit, le 14 novembre 1730, aux consuls, une lettre par laquelle il leur témoignait son désir de former dans leur ville une communauté semblable à celle qu'ils avaient eue autrefois et leur manifestait son intention de solliciter de la Cour la permission nécessaire à la réalisation de son projet, ajoutant qu'il n'hésitait pas à croire que la ville loin d'y mettre obstacle, s'empresserait de favoriser son dessein. Le placet n'avait pas tardé à être présenté au roi. C'est ce que nous apprend la lettre suivante adressée par M. le comte de Saint-Florentin à M. de Bernage de Saint-Maurice, intendant de la province de Languedoc :

A Versailles, le 10 février 1731.

Les Pères religieux de la Mercy, de Beziers, Monsieur, ont presenté la requeste cy-jointe par laquelle vous verrez quils demandent la permission de faire reediffier leur couvent qui a ete detruit par les religionnaires, aux offres quils font de se desister de larrest du parlement de Toulouse de lannee 1675 qui a condamne les habitants de cette ville a leur fournir un terrain et une somme de 2.000 livres. Je vous supplie d'examiner le contenu de cette requeste et de vous faire informer si effectivement ils ont un terrain convenable a cet effet, et si la ville nen souffriroit pas.

On ne peut, Monsieur, vous honorer plus parfaitement que je le fais.

Signé : SAINT-FLORENTIN.

L'intendant, pour répondre aux ordres qu'il avait reçus, écrivit à M. de Boussanelle, son subdélégué à Béziers, de lui faire connaître les raisons que la ville opposait à leur établissement. La communauté fut consultée. Dans un conseil réduit, tenu le 4 mars 1731, il fut délibéré „ que M. de Villerase, archidiacre et prevot de Saint-Nazaire, et Me Texier, conseiller, seraient priés conjoinctement avec Mrs les consuls de dresser les memoires necessaires a cet effet et de représenter que la communauté ne sauroit consentir a l'establissement des PP. de la Mercy a cause de la misere du temps et de la quantité des couvents mendiants qui sont establis en cette ville et qui ont peine a s'y soutenir. „

Les Pères de la Mercy échouèrent dans la poursuite de leurs projets et durent renoncer au rétablissement de leur ordre dans la ville de Béziers, quoiqu'ils se bornassent, après avoir été gratifiés par des personnes pieuses d'un emplacement convenable, à demander, pour rétablir leur maison dans Béziers, une simple permission accordée déjà en pareil cas au même ordre pour la réédification d'un couvent dans Carcassonne, et qu'ils déchargeassent la ville du paiement des deux mille livres qu'elle avait été condamnée à leur payer. Les consuls, non contents de s'opposer à leur établissement, demandèrent qu'il leur fût de nouveau fait défense de paraître dans leur ville et de s'y introduire sous quelque prétexte que ce fût. C'est que la ville peuplée d'habitants pauvres était accablée de charges locales, remplie qu'elle était de maisons religieuses, de Capucins, de Récollets, de Minimes, de Carmes, de Jacobins, d'Augustins, tous couvents mendiants qui avaient de la peine à y subsister et dont il aurait été à propos de diminuer le nombre au lieu de l'augmenter; d'autant plus qu'il s'y trouvait en outre un collège de Jésuites auxquels était due une pension annuelle, des religieuses hospitalières qui tiraient si peu de secours des „ facultés „ des habitants que le roi contribuait à leur subsistance, deux hôpitaux, cinq paroisses, trois chapitres, de sorte que dans Béziers où on ne comptait environ que quatorze cents feux il existait vingt-huit églises dont l'entretien était d'une dépense considérable. Les consuls et l'évêque se trouvèrent unanimes pour reconnaître que ce nouveau couvent serait une surchage et une source de procès pour la ville à cause de tant d'ordres religieux.

M. de Bernage de Saint-Maurice, pénétrant la pensée des magistrats civils et de l'autorité religieuse dont il avait pris les avis, fit à M. de Saint-Florentin, à la date du 4 septembre 1731, la réponse suivante où il lui marque qu'il ne croyait pas que la demande des religieux de la Mercy pût être accueillie :

Monsieur de Saint-Florentin, Vous mavés fait l'honneur de menvoyer le 10 fevrier dernier la requeste par laquelle les Religieux de la Mercy demandent la permission de retablir le couvent de leur ordre quils auoint anciennement dans la ville de Beziers et qui fut detruit par les religionnaires en 1562, aux offres que font ces religieux de renoncer aux condamnations quils ont obtenues par un arrest du parlement de Toulouse du 28 feurier 1675, portant que la communauté sera tenue de leur fournir un terrain et une somme de 2.000 livres pour le retablissement de leur couuent. Les consuls de Beziers a qui jay communiqué la requeste de ces religieux les pretendent non receuables en leur demande. Ils leur opposent un arrest rendu au conseil le 18 januier 1675 par lequel S. M. ordonna quils ne pourroint faire a lauenir aucun nouuel establissement dans la ville de Beziers auec deffenses de sy introduire sans permission de S. M. a peine de nullité. Cet arrest dont les consuls rapportent copie est anterieur a l'arrest du parlement de Toulouse, mais il ne paroit auoir eté signifié aux religieux de la Mercy que le 8 juin 1675. Il sest rendu sur la requeste de M. leuesque et seigneur de Beziers, fondée sur ce que ces religieux ayant laissé passer plus d'un siecle, il sest establi a Beziers pendant cet intervalle plusieurs communautés religieuses, au moyen de quoy celle de la Mercy seroit trop a charge a la ville. Les consuls pretendent que les motifs de cet arrest subsistent encore et aujourdhuy ils ajoutent que la ville qui nest composée que denviron 1.400 feux na aucun commerce considerable, quelle est accablée par des charges locales et quil y a actuellement 28 eglises dans le nombre desquelles sont 20 couuents la pluspart religieux mendiants, quon a mesme eté obligé de diminuer le nombre des religieux, faute de pouuoir les y faire subsister a cause du peu de secours que les habitans sont en letat de leur donner.

Il est vray, Monsieur, ainsy que les religieux de la Mercy lexposent par leur requeste qu'il leur a esté cedé un terrain sous une albergue de 260 liures, mais les consuls disent quil ny a sur ce terrain, quy est fort etendu, quune tres petite maison, au moyen de quoy il faudroit faire le bastiment du couuent jusqu'au fondement, ce quy causeroit une depense bien considerable qui par les suites retomberoit sur la communauté lorsquune fois ces religieux auroint obtenu la permission de setablir ;

qu'au surplus si ce terrain leur deuient a charge, ils ne pourront s'en prendre qua eux mesmes de lauoir acquis sans auoir obtenu de S. M. la permission de setablir. Il me paroit, Monsieur, que les religieux de la Mercy ne peuueut se preualoir de l'arrest du parlement de Toulouse du 28 feurier 1675 au moyen de larrest du conseil du 8 januier precedent. Dailleurs, il est constaut quil y a dans la ville de Beziers 20 couuents la pluspart de religieux mendians quy ny subsistent quauec peine, et je suis persuadé que ceux de la Mercy ne pourroint paruenir au retablissement de leur couuent ny sy soutenir sans estre a charge a la communauté. M. leuesque a quy jay communiquè aussy leur requeste sy oppose formellement et pense mesme que cest pour le bien de ces religieux qui nont pour objet que de s'introduire sans scauoir comment ils pourront subsister dans un establissement auquel ny luy ny la communanté ne veulent consentir. Par toutes ces raisons je crois, Monsieur, quil ne conuiendroit pas d'accueillir leur demande.

Je suis, etc.

Les choses restèrent dans le même état jusqu'au commencement de l'année 1740. Alors le P. Pailhas proposa de nouveau le rétablissement des Pères de la Mercy à leurs frais et dépens, sans pouvoir rien exiger de la ville et en offrant de renoncer, à cet effet, à toutes prétentions. La communauté répondit qu'avant de se prononcer, elle verrait avec plaisir ce religieux rapporter une délibération du définitoire de son ordre. Lorsque cette formalité eut été remplie, les consuls et l'évêque, changeant d'opinion, levèrent leur opposition et consentirent au rétablissement de l'ordre qu'ils avaient si longtemps rejeté, bien que les motifs qu'ils avaient autrefois invoqués subsistassent toujours. Les Pères de la Mercy présentèrent un nouveau placet au gouvernement et l'intendant, M. de Bernage, confirma à M. de Saint-Florentin le changement qui s'était produit dans l'esprit des administrateurs municipaux.

Je vous avoue, Monsieur, dit-il, que je n'ai pu voir sans quelque étonnement, cette différence dopinion. Des que M. leuesque et la communauté consentent aujourdhuy a ce retablissement, il est a supposer qu'ils y sont portés par quelque nouvelle raison et je ne puis en cet état que men remettre à ce que vous jugerez vons mesmes a propos den decider.

Les Pères de la Mercy reçurent donc une nouvelle hospitalité dans la ville de Béziers et leur couvent s'éleva dans le quartier de Saint-Aphrodise, sur l'emplacement qu'occupent présentement le pensionnat de l'Immaculée Conception, ouvert le 9 février 1831, par les Frères des Ecoles chrétiennes, qui ont pour père le vénérable de La Salle, et celui du saint Enfant Jésus, dirigé depuis 1840 par les Dames de Saint-Maur, communauté fondée au XVIIe siècle, par le vénérable P. Barré, minime, mort en 1686. Ces deux congrégrégations religieuses avaient été appelées à Béziers par M. l'abbé Martin, de vénérée mémoire, curé de Saint-Aphrodise : les Dames de Saint-Maur, en 1813, et les Frères des Ecoles chrétiennes, en 1820. L'une et l'autre ne se dévouèrent d'abord qu'à l'éducation des enfants du peuple.

En 1780, il y eut suppression des maisons que l'ordre de la Mercy conservait encore, et ses ressources furent réunies à celles des chanoines réguliers de la Sainte Trinité de Notre Dame de la Mercy.

Les Jésuites ou Compagnie de Jésus

Au XVIe siècle, parurent les Jésuites, ces vaillants défenseurs de l'Eglise, institués en 1540, supprimés en 1762. Ils apportèrent dans leur résistance aux attaques des luthériens et des calvinistes une ardeur égale à celle que les disciples de saint François et de saint Dominique déployèrent contre les albigeois. Ils sont devenus célèbres sous le nom de Société ou Compagnie de Jésus.

Ignace de Loyola, gentilhomme biscayen, fut l'instrument dont le ciel se servit pour fonder leur institut. Simple page de la cour de Ferdinand V, puis brave soldat, il fut blessé, comme on sait, au siège de Pampelune qu'il défendait contre les Français (1521). Ce fut dans une chambre de l'hôpital où il était soigné que se décida sa vocation. Il rêva d'établir une société d'hommes apostoliques. La famille dont il devint le père eut pour berceau, en 1534, l'église de Montmartre, à Paris, et fut approuvée par le pape Paul III, le 27 septembre 1540. Après avoir pris naissance dans la capitale de la France, les Jésuites se répandirent et se multiplièrent en de nombreuses contrées. L'Espagne, le Portugal, l'Allemagne, les Pays-Bas, l'Afrique, l'Asie, la Chine, le Japon, l'Amérique, le Brésil, le Paraguay reçurent leurs bienfaits.

Les Jésuites faisaient des vœux de pauvreté, de chasteté et d'obéissance spéciale au pape. Ils s'employaient aux missions et à l'instruction de la jeunesse. Leur habillement est celui des ecclésiastiques ; ils portent une soutane et un manteau long, mais ils n'ont point de rabat. La règle ne leur impose pas d'austérités.

Henri IV, par des lettres patentes de juillet 1598, avait autorisé la ville de Béziers à créer un collège (1). En même temps, un de ses aumôniers ordinaires, Fiacre Picard, docteur en théologie et conseiller d'Etat, fut envoyé pour le diriger. Mais il ne put pas tenir ses engagemeuts et il se trouva dans l'impossibilité de continuer sa tâche. L'évêque et les consuls jetèrent alors les yeux sur les Jésuites qui possédaient plusieurs établissements dans le Languedoc et la Guyenne, et leur offrirent la direction du collège de Bé-

(1) Voir notre Notice historique du Collège de Béziers. Bulletin de la Société Archéologique, 2me série, tome 5, 1re livraison.

ziers. Les conditions acceptées, un premier contrat fut passé entre les deux parties, le 4 mai 1599. La ville constituait aux Jésuites une pension annuelle et perpétuelle de quatre mille livres. De leur côté, les Jésuites promettaient de fournir huit régents et de donner gratuitement l'instruction à tous les enfants qui fréquenteraient les classes. La pension fut portée à cinq mille livres par le traité définitif passé le 9 août 1608. Mis à la tête du collège, les Jésuites justifièrent les espérances que l'évêque et les consuls avaient fondées sur eux. L'habileté des maîtres qu'ils choisirent en assurèrent la prospérité.

Leur église dédiée à saint Louis, roi de France, était „ un des beaux monuments de la ville „. Pour en faciliter l'accès au public, ils ouvrirent à leurs frais la rue de l'église du collège aboutissant à la place Saint-Félix. Louis XIII, de passage à Béziers, leur donna pour la construire une partie des pierres provenant de la démolition de la citadelle (1632). Le pape Alexandre VII l'enrichit d'une indulgence plénière, qui pouvait être gagnée le troisième dimanche de chaque mois (1663). La formation d'une belle et riche bibliothèque fut l'accompagnement de l'érection de la maison de la prière.

Les Jésuites obtinrent plusieurs sortes d'hérédités, entre autres, les trois suivantes : Celle de messire Jacques Catastin, chanoine et succenteur de l'église cathédrale de Saint-Nazaire, décédé le 7 mai 1646 ; celle de M. Affrique de Mercorant, docteur en droit et avocat à la sénéchaussée de Béziers, mort sans postérité en 1652 ; celle de messire Gabriel de Trottin, abbé de Villemagne, par testament du 16 septembre 1656. Ces donations successives dépassaient une valeur de cinquante mille écus.

Nous avons déjà dit que les Jésuites ne se consacraient pas seulement à l'éducation de la jeunesse, mais qu'ils faisaient aussi des missions. Une personne pieuse donna au collège une somme de douze mille livres dont le revenu devait être appliqué aux frais d'une mission de trois ou quatre mois à faire tous les ans par deux Pères de la Compagnie de Jésus dans le diocèse de Béziers ou les diocèses voisins. Voici les lettres patentes par lesquelles le R. P. Général de l'ordre prescrivit et régla cette mission :

Thyrsius Gonzalez, Prœpositus generalis Societatis Jesu, omnibus et singulis in quorum manus hœ litteræ nostrœ pervenerint, Salutem in Domino Sempiternam.

Cum vir quidam Societati nostrœ benevolus, cuius dextram noluit consciam esse operis pii sinistrœ suœ, nuper tradiderit, suppressò nomine, duodecim millia librarum gallicarum Collegio nostro biterrensi provinciœ tolosanœ, a nobis requirens ut de mandato nostro duo e nostris singulis annis per tres vel quattuor menses pro instituti nostri ratione missiones peragant in diœcesi biterrensi vel aliis vicinis diœcesibus, Nos singularem prœfati benefactoris pietatem in primis commendantes summam prœdictam pecuniariam in bonis stabilibus, tutis et frugiferis vel in redditibus annuis et certis ad missionarios alendos investiri quamprimum mandamus, deinde missiones obiri juxta societatis institutum benefactorisque mentem a duobus e nostris per tres vel quattuor menses in locis ubi opportunius provinciali dictœ provinciœ pro tempore visum fuerit tenore prœsentium decernimus, rectores insuper prœsentem et futuros dicti collegii in Domino hortantes ut opus pium hujusmodi sollicite et diligenter quotannis impleri curent. In quorum fidem has litteras manu nostra subscriptas et sigillo munitas dedimus. Romœ 23e die Martii 1699. *Signé :* Thyrsius Gonzalez, prœpositus generalis societatis Jesu.

L. S., sceau ovale (1).

Les contrats passés avec la ville portaient que les Jésuites seraient „ tenus quittes et déchargés de tous emprunts, tailles, droits d'entrée, leudes et péages qui se prennent aux portes de la ville „. L'immunité du collège avait été respectée et il n'y avait eu aucune contestation jusqu'au temps où la ville, pour payer ses dettes, établit des droits

(1) Arch. mun. Copie sur papier.

d'entrée et de subvention sur la viande, le poisson et la farine. Les fermiers de la subvention voulurent obliger les Jésuites à payer les droits comme les autres habitants. Mais les Jésuites ne le firent qu'avec des protestations réitérées pour l'atteinte manifeste qu'on portait à leur privilège (1). Ils se pourvurent devant M. de Basville, intendant de la province, qui, après une enquête sérieusement faite et un examen attentif des titres, ordonna que les Jésuites dont les plaintes étaient légitimes demeureraient déchargés des droits de subvention (24 décembre 1703).

Les Jésuites demandèrent non seulement qu'on les déclarât exempts de la subvention pour l'avenir, mais encore qu'on les indemnisât des paiements indûment perçus pendant de longues années malgré leurs privilèges et leurs protestations (2). Cette demande ayant paru bien fondée, deux arbitres ou commissaires furent nommés pour régler cette indemnité, laquelle fut portée à la somme de cent vingt livres qui serait prise de la subvention „ pour être employée sans divertissement au paiement et à la décharge des Jésuites, et rendue fixe et immuable par une transaction du 29 novembre 1704, en vertu de laquelle les maires et consuls de la ville s'obligèrent pour eux et leurs successeurs de payer la dite somme quartier par quartier, à mesure qu'ils echerroient, et a tenir quitte et faire tenir quitte le dit collège de toute subvention et autres droits portés par les contrats de leur fondation „. Cette transac-

(1) Actes de protestations des 27 juillet 1639, 3 septembre 1669 et 8 janvier 1702.

(2) La subvention avait été établie à quatre époques différentes : en 1639, pour six ans ; en 1669, pour douze ans ; en 1695, pour six ans ; en 1701, de nouveau pour six ans, ce qui donne une totalité de trente années sur lesquelles les Jésuites avaient payé les droits pendant vingt-cinq ans malgré leurs protestations réitérées. On abonna les Jésuites pour cent vingt livres. Comme leur communauté se composait de vingt-cinq à trente personnes (Pères, régents, frères ou domestiques), vu la consommation de pain, viande et poisson qui se faisait, les droits de subvention seraient allés bien au-delà.

tion fut inviolablement observée pendant trente-quatre ans. Mais, en 1738, un nouveau fermier de la subvention refusa de reconnaître le privilège des Jésuites. Sur leurs plaintes, M. de Bernage, intendant de la province, par une ordonnance du 16 juin 1739, leur confirma l'exemption du droit de la subvention et prescrivit à la ville de tenir compte aux fermiers, sur leur bail, de la pension annuelle de cent vingt livres attribuée aux Jésuites „ afin de reconnaître les services qu'ils rendent à Dieu, au Roy et au public pour l'avancement de la religion catholique et instruction de la jeunesse à la piété et aux sciences „.

Une ordonnance de M. Lenain du 7 juin 1748 porte aussi „ que le collège des Jésuites de Béziers sera payé de l'indemnité annuelle à lui accordée par l'ordonnance de M. de Bernage, du 7 juin 1739, sur le pied de la forme présentée par lad. ordonnance, laquelle indemnité sera imputée au fermier de la subvention sur le prix de son bail „.

Les Jésuites célébrèrent solennellement dans leur église, en 1729, les fêtes de la canonisation de saint Stanislas Kotska et de saint Louis de Gonzague, et en 1738, celle de saint Jean-François Régis, né à Fontcouverte (1), et qui avait fait ses premières études dans leur collège.

En 1669, ils avaient célébré par des jeux et des réunions littéraires l'anniversaire séculaire de leur établissement. Ces réjouissances ne devaient pas se renouveler. En 1762, le Parlement de Toulouse ayant interdit dans son ressort l'enseignement aux Pères de la Compagnie de Jésus, la direction du collège de Béziers, qu'ils avaient eue pendant cent soixante-trois ans, cessa de leur appartenir. On sait qu'à cette époque les Jésuites furent frappés d'ostracisme et réduits à sortir de la France.

(1) Canton de Lézignan, arrondissement de Narbonne (Aude).

Les Minimes.

Les Minimes se distinguaient par leur humilité. Ils eurent pour fondateur, en 1435, saint François de Paule, ainsi nommé à cause de sa ville natale située dans la Calabre citérieure, et ils portèrent d'abord le nom d'Ermites de Saint-François. Cet homme de Dieu s'était acquis par sa sainteté et ses miracles une telle réputation que Louis XI, ce roi tremblant toujours devant la mort, voulut le faire venir en France. Le pieux anachorète, ne pouvant plus résister à de violentes sollicitations, dut un jour s'arracher avec regret à sa retraite pour se transporter au château de Plessis-lès-Tours, où vivait, pour ainsi dire, caché le roi de France. Casimir Delavigne nous a retracé dans une magnifique scène l'entrevue du solitaire et du potentat (1).

Les Minimes ajoutaient aux trois vœux solennels de la religion un quatrième vœu, et par là ils se différenciaient des autres religieux, celui de l'observance de la vie quadragésimale, par lequel ils s'engageaient à ne jamais manger de la viande ni rien de ce qui tire son origine de la chair, œufs, beurre, graisse, fromage, laitage de toute espèce. Cet ordre se multiplia beaucoup. Il eut de grandes ramifications en France. Charles VIII fit bâtir, dans le parc de Plessis, pour saint François de Paule, un beau couvent auquel il affecta une pension suffisante pour lui et ses compagnons. Il en édifia un autre à Amboise, à la condition expresse que les religieux de ce monastère seraient entretenus avec les revenus annuels de ses finances.

Les Minimes portaient un habit de laine noire à larges

(1) *Louis XI*, acte IV, scène VI.

manches, long jusqu'aux talons, avec un capuce et un chaperon de même étoffe et de même couleur descendant comme une chasuble devant et derrière, une ceinture de laine de semblable couleur nouée de cinq nœuds, des souliers ouverts par dessus, un manteau de la couleur de l'habit avec une cuculle propre à couvrir la tête.

A Béziers, leur couvent était sous les murs de la ville, au bord de la rivière d'Orb. Leur établissement datait de l'année 1613. Voici les lettres patentes par lesquelles le cardinal Jean IV de Bonsy, évêque de Béziers, leur permit de bâtir un couvent et une église dans le lieu de la ville ou de ses faubourgs qui leur conviendrait le mieux :

Joannes S. R. E. Presbyter Cardinalis Bonsius, miseratione divina et sanctœ sedis apostolicœ gracia Episcopus et Dominus Biterrensis vicario nostro generali, officiariis nostris et universis ad quos prœsentes litterœ pervenerint, Salutem in Domino. Cum prœcipua instituti nostri ratio ad Domini cultus augmentum dirigatur, et perspiciamus pia civium nostrorum Biterrensium desideria quibus erga familiam sancti Francisci de Paula feruntur, ut eiusdem religiosos Minimos nuncupatos in urbem nostram admittere, illisque locum ad habitationem aptum concedere sint parati, si nostrœ voluntatis assensus accesserit, et hunc a nobis consensum prœdicti religiosi supplicatione sua summopere petierint; Nos tam piis civium nostrorum votis quam justœ Patrum religiosorum petitioni satisfacientes, in quantum nostra interest, civibus nostris biterrensibus et Reverendo Patri Aquitaniœ Provinciali ordinis sancti Francisci de Paula nostrum consensum prœsentibus litteris prœbuimus et prœbemus conventum et ecclesiam religiosis dicti Ordinis in eo civitatis nostrœ biterrensis vel suburbiorum ejus loco, qui per ipsos commodior et ad habitationem aptior designabitur, erigendi et exstruendi. Quocirca vicario nostro generali, ceterisque officiariis nostris mandamus et jubemus quatinus prœdictos Patres benigno suscipiant animo et eos circa electionem loci et erectionem conventus et ecclesiœ omni favore et auxilio juvent et fulciant. In quorum fidem prœsentes litteras manu sigilloque nostris munitas et corroboratas per secretarium nostrum subsignare fecimus. Datum Parisiis die decima nona mensis junii anno domini millesimo sexcentesimo decimo tertio. *Signé :* J. Cardinalis Bonsius, episcopus biterrensis.

L. S. *Au-dessous, signé :* Baulguon, secretarius, de mandato (1).

Leur établissement fut de nouveau approuvé par une missive du même prélat du 1er mars 1614.

Le bâtiment qu'ils avaient commencé d'élever ne pouvait être terminé (2 juillet 1626). Comme le pardon général devait avoir lieu dans leur église, ils s'adressèrent aux magistrats de la ville et les prièrent de leur accorder quelque secours, „ promettant de ne cesser de faire des vœux et des prières pour eux „. Le conseil général leur fit don de la somme de mille livres due à la ville par le sieur Cazalèdes, greffier de la Chambre de l'Edit (2).

Lorsque dans les années 1629 et 1630, la peste étendit ses ravages sur la ville de Béziers et les lieux environnants, plusieurs monastères de la ville furent convertis en infirmeries, entr'autres ceux des Récollets, des religieuses de Sainte-Claire, des Augustins, des Minimes. Celui des Minimes était une maison commode pour servir d'hôpital, soit par sa situation près de la rivière, soit à cause de la grandeur et de la disposition du bâtiment. Aussi, quand l'épidémie reparut, en 1652, ce couvent fut-il de nouveau choisi pour le même usage par ceux qui étaient chargés de veiller à la salubrité publique.

Comme rien ne faisait pressentir de l'opposition de la part des religieux, les consuls se décidèrent de louer la maison de Mme de Rives, veuve de Maselet, qu'ils firent convenablement approprier pour des religieux et ils les prièrent de leur céder leur habitation comme ils l'avaient fait autrefois. Ils étaient si sûrs de ne pas rencontrer d'obstacle qu'ils avaient déjà traité avec Me Couissin, maître chirurgien, pour s'exposer dans cette infirmerie, et avec les personnes

(1) Arch. départ. Original sur parchemin.
(2) Délibération du Conseil général du 2 juillet 1626.

destinées à lui prêter leur concours et qui devaient occuper des huttes voisines du couvent, jusqu'à ce que les religieux eussent vidé leur maison. Mais les Minimes répondirent par un refus formel, prétextant certaines défenses qui leur auraient été faites de la part de l'évêque d'abandonner leur maison.

Cependant le temps pressait; le mal faisait de grands progrès et on ne pouvait pas secourir les malades, faute d'espace : aucun lieu n'était plus propre pour les loger que le couvent des Minimes. Les habitants effrayés de voir se multiplier les ravages du fléau pressaient fortement les consuls, mais il n'était pas en leur pouvoir de faire sortir les religieux pour les conduire dans la maison où l'on voulait les installer. Le 13 juillet 1652, Pierre Baboulet, bourgeois, Jacques Demonts et Pierre Vidal, second, troisième et cinquième consuls, prièrent messire Gabriel Delort de Sérignan, sieur de la Domergue, gouverneur de la ville, d'aller avec eux et de les accompagner chez les Minimes pour les déterminer à quitter leur maison, seul moyen d'apaiser les désordres excités dans la ville. M. de la Domergue leur fit comprendre qu'ils ne pouvaient pas éviter de livrer leur maison. Tant de pourparlers furent inutiles; toute négociation fut impuissante, aucune considération ne triompha de la résistance des religieux. L'irritation du peuple redoubla et se porta à de graves excès. On vit bientôt, ameutées autour du couvent, plus de trois cents personnes prêtes à user de violence. A coups de pieds, de hallebardes et de mousquets, on heurta contre la porte pour l'enfoncer. Au milieu de tout ce bruit, le P. Blandinières, correcteur, se présenta dans l'espoir de calmer la foule. Au moment où la porte s'ébranlait, un nommé Amilhac, avec une grande rudesse, enleva la clé des mains du portier, et voilà les issues libres. Tous se ruent à l'intérieur, somment le correcteur et les autres religieux de sortir, sinon ils allaient les expulser par la force. Ces gens irrités exécutèrent leurs desseins avec tant de précipitation qu'ils ne leur donnèrent pas même un moment pour se reconnaître et pour enlever les meubles du couvent et les vases sacrés de l'église ; mais, se répandant partout, envahissant les chambres, ils lançaient à la rue, par les fenêtres, tout ce qui se rencontrait sous la main et n'épargnaient pas même la cloche qu'ils déplacèrent. Les religieux sortirent, non sans protester, et on les conduisit processionnellement au logis des *Balances royales*, loué à Mme de Rives, et où les consuls firent aussitôt porter leurs meubles ; pendant ce temps, les corbeaux menèrent au couvent, rendu libre, les pestiférés gisant dans les maisons de la ville. Comme tout s'était fait à la hâte et que les religieux n'avaient pu donner aucun ordre, il leur fut permis, le lendemain, de dire la messe dans leur église afin de consommer une quantité d'hosties consacrées que renfermait le tabernacle pour les soustraire à la profanation de ceux qui allaient occuper leur maison (1).

Les consuls eurent la précaution de dresser, de tout ce que contenait le couvent, un inventaire que nous devons reproduire parce qu'il donne une idée exacte de la simplicité et de la pauvreté de cet asile :

Premièrement, à la chambre sur la main droite, première du dortoir, garnie de ses vitres et d'une table de bois.

Plus à une petite chapelle auprès de ladite chambre, garnie de ses vitres.

Plus a la seconde chambre une vitre, une table de bois et un vieux chalit.

Plus à la troisiesme n'y avoir rien dedans.

Plus à la quatriesme une table de bois et une armoire dans la muraille avec sa porte de bois pour la fermer.

Plus à la cinquiesme une table et une vitre.

Plus à la sixiesme n'y avoir rien dedans.

(1) Archives départementales. Relation des consuls de Béziers du 14 juillet 1652.

Plus à la septiesme un vieux chalit.

Plus à la bibliothèque deux vitres avec un tableau représentant un crucifix et un St-François de Paule peint à lhuille, une table de sapin et ses pupitres pour ranger les livres.

Plus à la huitiesme une vitre, une table et une armoire dans la muraille avec sa porte de bois.

Plus à la neufiesme deux vitres, une table et une armoire dans la muraille avec sa porte de bois.

Plus à la dixiesme une vitre, une table et une armoire dans la muraille avec sa porte de bois.

Plus à lontziesme une vitre, une table et une armoire avec sa porte de bois.

Plus à la doutziesme une vitre, une table et une armoire avec sa porte de bois.

Plus à la tretziesme une vitre, une table et une armoire avec sa porte de bois.

Plus à la quatorziesme une vitre et une table de bois.

Plus à la quinziesme une vitre et une table de bois.

Plus à la seitziesme deux vitres et une table de bois.

Plus à la tribune quatre vitres, garnie de tous ses pupitres de sapin et une table de mesme bois avec ses jalousies.

Plus au passage de la tribune deux vitres.

Plus une chambre qui est à costé, garnie de planches pour mettre les ornemens.

Plus à la sacristie deux vitres.

Plus à lesglise le tableau du grand autel avec son quadre.

Plus un ciel de toile peincte.

Plus un marchepied de noguier.

Plus une table qui servait dautel.

Plus une autre grande table avec deux tiroirs.

Plus quatre confessionnaux.

Plus un eau bénitier de marbre blanc avec quatre barres de fer et un arescle.

Plus un ballustre de noguier.

Plus une chaire de bois pour prescher.

Plus un agenouilhoir.

Plus toutes les fenestres de lesglize garnies de vitres.

Plus à la cuisine une grande barre de fer pour soutenir les murailles.

Plus trois tables de sapin.

Plus dans la souilharde une grande jarre de terre à tenir deau.

Plus une table à tenir lestaing.

Plus à la despense un coffre de sapin de dix ou douze pans de long.

Plus à la petite cave quatre jarres à tenir lhuille y ayant dans une dicelles deux quintaux dhuille.

Plus dans lad. cave cinq quintaux de charbon ou environ.

Plus dans le réfectoire trois grandes tables et trois bancs tout autour de la muraille, garni de ses vitres.

Plus un grand tableau à la détrempe.

Plus une petite armoire à tenir les sallures.

Plus dans la grande cave quatre barriques pleines de vin tenant demy-muid chacune.

Plus autres huit barriques de la mesme grandeur ou environ sans rien dedans.

Plus une autre barrique tenant demy-muid et contenant du vinaigre.

Plus deux barrals et un grand entonnoir de bois.

Plus un petit barricot à faire la queste du vin.

Plus une grande pile de pierre.

Plus deux pièces de bois tout autour de la cave à tenir les barriques.

Plus dix pièces de bois faconne pour faire un retable.

Plus deux girouettes de fer.

Plus une civière de bois.

Plus neuf charretées de bois gros et menu.

Plus huict grandes planches de dix huict pans de long.

Plus deux roues de charrettes.

Plus à l'infirmerie une grande armoire de noguier.

Plus un matelas de layne deffaict.

Plus un vieux carreau de satin.

Plus deux fenestres avec leurs bois, l'une estant garnie de vitres.

Plus à la petite infirmerie une fenestre garnye de bois.

Plus à la lessiviere une grande pierre pour recevoir la lessive avec une barrique dessus.

Plus deux pierres de marbre gris à laver les sergets.

Plus un lit de camp avec ses sangles.

Plus six grandes planches.

Plus douze chevrons.

Plus treitze planches neufues de peuplier.

Plus au cloistre, une table avec ses tretteaux de noguier.

Plus une chaire de bois.

Plus une armoire de sapin peint en rouge.

Plus la grande cloche du couvent.

Plus toutes les portes des chambres et autres offices, garnyes de leurs serrures et clefs.

Plus le passe partout.

Signé : Demonetz, consul (1).

Il n'était jamais venu à la pensée des consuls de déposséder les Minimes, et leur déplacement ne devait être que transitoire. Quand la maladie eut cessé, ils voulurent les ramener dans leur ancien couvent. Ceux-ci protestèrent et refusèrent d'y revenir. En vain, les consuls Louis Thomas et Pierre Barral remontrèrent-ils au P. Roussel, correcteur, que, par plusieurs délibérations prises au conseil général de la ville, il avait été conclu et arrêté „ de ne jamais plus faire infirmerie des pestiférés dans leur demeure, ayant au contraire choisi un lieu esloigné de la (c'était le champ du *Papegai*), pour y establir une infirmerye en cas Dieu voudroit a laduenir affliger lad. ville de contagion, „ le suppliant d'aller „ habiter leur dit couuent des fauxbourgz qui est tout neuf et en bon estat et dy vouloir continuer leurs exercices spirituels et assister diceulx et des sacremens de lesglise les habitans desdits fauxbourgz et granges circonvoisines qui en sont destituées comme ils ont fait pour leur establissement et laisser ceste pauvre ville en repos sans la trauailler par procès „.

En vain lui citèrent-ils l'exemple des religieux de la ville voisine de „ Clermont de Lodève qui affligée de la peste en mesme temps auait estably l'infirmerye de ses pestiferés dans le couuent des P. Racollets de lad. ville et desquil auroit pleu a Dieu de faire cesser le fleau ces bons P. Racollets auroint agreablement reprins leurdit couvent, satis-

(1) Archives départementales.

faictz de la subsistance charitable qu'ils auoint receu de ladite ville „.

D'où venait l'hésitation des P.P. Minimes? Leur couvent avait été bien et dûment désinfecté. La ville, „ pour leur faire pont d'or „ , offrait de leur payer une somme de neuf cent quatre-vingt-trois livres, à laquelle avaient été liquidés les dommages et les détériorations par relation d'experts. C'est qu'ils craignaient d'être obligés en toute rencontre de déménager, surtout si le fléau renaissait.

Pendant ce temps, ils ne laissaient pas d'être à charge aux habitants de la ville „ qui se treuuait remplie desglizes et de maisons religieuses que le tiers de l'enclos de la dite ville en estait pour le moins occupé, de surplus les maisons des pauures habitans estans surchargees des tailles et impositions auxquelles ils sont impuissans de satisfaire et de payer les deniers deubs au roy, considéré mesmement que les frais de peste les a engagez a des emprunts de sommes immenses pour secourir les pauures et leurs concitoyens pendant la calamité de ladite maladie „. Et en se maintenant dans l'intérieur de la ville d'où ils tiraient la subsistance n'aggravaient-ils pas la situation „ faisant par ce moyen trois couuens dans ladite ville ou terroir dicelle puisque oultre icelluy du faubsbourg ils avaient bati a un quart de lieu de la un autre superbe couuent soubs linuocation de Nostre Dame de Consolation et qu'ils etoint dans le dessein den faire un autre dans ladite ville (1) „ ?

La réintégration des Minimes dans leur premier couvent ne fut pas une chose aussi aisée que l'avaient cru les consuls. Les religieux en appelèrent au parlement de Toulouse. Cette cour, sur leur requête, rendit, le 28 août 1652, une ordonnance en vertu de laquelle ils étaient maintenus dans la maison où ils avaient été mis. Depuis l'établissement de leur ordre, les Minimes étaient placés, leurs personnes et

(1) Archives départementales. Acte de sommation faite par les consuls de Béziers aux religieux Minimes, 12 août 1654.

leurs biens, sous la sauvegarde de nos rois. Un édit royal leur permit de s'établir dans l'intérieur de la ville, conformément au précédent arrêt du parlement, et d'y bâtir un couvent à leurs frais. L'évêque, cédant aux sollicitations des consuls, s'y opposa par une ordonnance du 21 juin 1653; il jeta l'interdit sur leur maison et les empêcha de continuer les offices divins. Les consuls avaient fait prendre plusieurs délibérations pour contraindre les religieux à sortir de la maison de Mme de Rives. Peu s'en fallut qu'on ne vît se renouveler des scènes de violence semblables aux premières. Des protestations s'élevèrent de la part des religieux et l'affaire fut portée devant l'archevêque de Narbonne, en qualité de métropolitain. Une nouvelle ordonnance du parlement, du 19 avril 1653, fit inhibition aux consuls de troubler les religieux dans leur jouissance de la maison de Mme de Rives. L'évêque se pourvut devant le conseil d'Etat. Par arrêt du 16 janvier 1654, les parties furent renvoyées devant le parlement de Grenoble qui, par un arrêt du 11 juin 1655, ordonna que les consuls bâtiraient dans six ans, après la notification et intimation de l'acte, et à mille pas du couvent des Minimes, un hôpital pour loger les pestiférés en cas de maladie contagieuse. Les PP. Minimes revinrent au couvent du faubourg et le procès entre eux et les consuls fut terminé.

Nous empruntons à une déclaration du 10 mars 1692 faite par eux-mêmes une indication de leur revenu et casuel : „ Je soubsigné, frère Jacques Paretz, scindic des religieux Minimes, pour obeir aux ordres du Roy, déclare a qui il appartiendra comme nous avons un couvent au fauxbourg de la ville de Béziers en Languedoc, compose de dix religieux appelés Minimes, viuant sous la règle de saint François de Paule, nostre fondateur, qui, oultre les trois vœux ordinaires, nous oblige a garder un perpetuel caresme; Et que tout nostre reuenu consiste a cent escus de rente annuelle sullement, prouenant de fondations, legs pies et rentes foncieres, d'un enclos joignant nostre couuent, d'un petit champ et d'une maison que nous auons au fauxbourg dont nous auons dejà paye les amortissements à Me Jean Fumee; Et comme ces cent escus ne suffisent pas pour l'entretien des dix religieux et de deux ou trois domestiques que nous tenons ordinairement, d'autant mieux que les tailles et les autres charges diminuent tous les ans une bonne partie de cette somme, nous suppleons au reste de ce qui nous est necessaire pour la vie et pour les vestemens auec les aumosnes que les gens de bien nous font, n'ayant aucune confrérie. C'est tout ce que j'ai a declarer. Fait a Beziers ce premier mars mille six cens quatre vingt douze. *Signé :* Frere Jacques Paretz, religieux minime et scindic susdit (1). „

La campagne de Béziers et ses alentours étaient jadis parsemés d'églises champêtres que la piété des habitants dédiait à la Sainte-Vierge ou à quelque saint. Elles servaient pour ainsi dire de pendant à ces croix rurales que nous rencontrons sur nos pas, élevées au bord d'un chemin ou à l'extrémité d'un champ pour perpétuer quelque évènement survenu dans la famille. Les unes, tombées en ruines, ont été rasées; d'autres ont été réédifiées: telle est Notre-Dame de Badones; d'autres, dans de grands domaines, comme à Saint-Jean d'Aureilhan, à Saint-Marcel ou ailleurs, *horresco referens!* ont été employées à des usages rustiques et annexées au bâtiment de l'exploitation agricole, le plus souvent sous forme de celliers; d'autres, par exemple à Saint-Martin de Divisan, ont été respectées et sont entretenues par une main pieuse, ou bien entièrement rendues au culte, comme à Baïssau.

Sur un côteau, qui domine la route de Sérignan, s'élève une antique chapelle dédiée à Notre-Dame de Consolation. Elle fut bâtie, en 1596, par Louis Lepul, sur une portion de

(1) Archives départementales.

terrain dépendant de son domaine de Saint-Martin de Divisan et transmise avec quelques arpents de terre, par un de ses neveux, Charles Lepul, viguier et conseiller du roi, aux Minimes du faubourg du Pont. La modeste chapelle devint entre leurs mains une vaste église dont le pourtour du chœur s'orna de hautes statues de marbre dues au ciseau du P. Paquier, un de leurs religieux. Le goût de cet artiste en fit un sanctuaire remarquable et élégamment décoré. Un ermitage attenant à l'église s'ouvrit plusieurs fois, en temps de peste, pour recevoir les moines dont la maison placée hors de la ville était requise pour servir d'hôpital ou de lazaret. En 1633, les droits de la chapelle furent réunis à ceux du couvent par Clément de Bonsy, évêque de Béziers. Cette église n'échappa pas à la fureur des révolutionnaires, et, en 1793, elle fut entièrement dévastée et ruinée avec l'édifice contigu. Elle a été reconstruite de nos jours; l'année 1828 la vit sortir de ses ruines, moins élégante et moins ornée, il est vrai, mais non dépourvue de charme dans sa simplicité. Ce fut l'œuvre de M. l'abbé Bernard Aurière, ancien vicaire de Saint-Jacques. Elle ne laisse pas que d'attirer tous les ans, le 15 août, jour de la fête de l'Assomption de la Sainte-Vierge, une grande foule accourant de Béziers et des villages voisins. Elle abrite les tombes de plusieurs familles de la ville.

M. le chanoine Portes la possède aujourd'hui; il a fait frapper en son honneur une médaille commémorative, et, en attendant qu'elle puisse être surmontée d'un clocher élégant, elle reçoit entre ses mains un lustre nouveau. Ses projets d'embellissement sont bien compris et nous devons souhaiter qu'ils reçoivent une prompte exécution. Naguère on s'y rendait en procession dans les temps de sécheresse, et elle reste le point de mire des âmes ferventes. Vers elle convergent les cœurs attristés. Par un bref, en date du 26 novembre 1887, S. S. Léon XIII a accordé au sanctuaire biterrois de la Sainte-Vierge, le privilège de l'indulgence de la

Portioncule, réservée jusqu'ici au monastère de Sainte-Claire. Le 2 août 1888, fête de Notre-Dame des Anges, une foule nombreuse de pèlerins s'y rendait pour avoir les prémices de cette précieuse indulgence, dispensées par le ministère de M. l'abbé Bousquet, archiprêtre de Saint-Nazaire, dont la parole éloquente retrouvait dans la distance et la situation topographique du lieu une représentation exacte d'Assise et de Notre-Dame des Anges, Béziers rappelant la ville d'Assise, et les hautes tours de la cathédrale de Saint-Nazaire représentant le couvent des R. P. Franciscains d'Assise.

Nous ajouterons ici quelques actes de libéralité en faveur des P.P. Minimes :

26 septembre 1626. — Testament par lequel Me Gabriel Lenoir, sieur de Ribaute, conseiller du roi, lieutenant général et président en la cour de M. le sénéchal et siège présidial de Béziers, lègue aux Pères Minimes la somme de cinquante livres; aux Frères Prêcheurs, cent livres; aux Pères Capucins, la somme de cinquante livres, ainsi qu'aux Pères Augustins, aux Pères Récollets et aux Pères Carmes.

27 décembre 1651. — Clause testamentaire par laquelle noble Jean de Bonnefons, sieur de Carlux, lieutenant pour le roy dans Puymirols et premier capitaine commandant au régiment de Mgr le duc de Vendosme, lègue aux Pères Minimes des faubourgs de Béziers une somme de cent livres pour dire une messe à perpétuité le jour anniversaire de sa mort, et un galon d'or qu'il avait acheté pour garnir un manteau et destiné à mettre sur un devant d'autel.

28 juillet 1653. — Clause testamentaire par laquelle Me Bermond Cappel, troisième consul de Marseillan, lègue cinquante livres aux Pères Minimes de Béziers, pour prier pour son âme.

3 octobre 1653. — Testament par lequel Mme Marie de Fiches, veuve du sieur Jean Toulza, bourgeois de Béziers, lègue aux Minimes une somme de vingt livres pour qu'ils prient pour elle.

23 février 1656. — Testament par lequel Mme Gabrielle Bessière lègue une somme de trente livres à chaque couvent de Béziers.

11 février 1659. — Testament par lequel Peironne Barrière, veuve de Pierre Balaguier, de Béziers, institue ses héritiers les Pères Minimes de la dite ville à la charge de prier Dieu pour le repos de son âme.

29 mars 1659. — Testament par lequel Jean Gourson, de Béziers, lègue une somme de cent livres aux Pères Minimes.

7 juillet 1660. — M. d'Avesne lègue cent livres à Notre-Dame de Consolation.

23 février 1661. — Testament par lequel Mme de Villespassans lègue à chaque couvent de religieux de Béziers une somme de cent livres pour des messes à dire pour le repos de son âme.

16 août 1677. — Contrat de fondation de sept messes pour être dites annuellement dans l'église des RR. PP. Minimes des faubourgs de Béziers, par Pierre Serny vieux, marchand teinturier, moyennant la somme de cent livres portant une rente annuelle de cinq livres à prendre sur tous les biens présents et à venir, les plus clairs et liquides de son hérédité.

20 septembre 1696. — Acte par lequel les Frères Prêcheurs de Béziers constituent une rente de trente livres en faveur des Pères Minimes de la même ville.

11 octobre 1703. — Testament par lequel François Capelle, bourgeois, lègue aux moines de Notre-Dame de Consolation la somme de mille livres, savoir celle de cinq cents livres pour une messe à perpétuité par semaine dans la chapelle à l'honneur de la Très Sainte-Vierge, celle de trois cents livres pour une lampe qui y sera exposée toutes les fêtes de l'année et aux jours que sera dite la susdite messe et les autres deux cents livres restantes par pure aumône.

Les Carmes.

Parmi les ordres religieux consacrés à la Sainte-Vierge, il faut compter celui des Carmes ou de Notre-Dame du Mont-Carmel. Leur tradition regarde les prophètes Elie et Elisée comme leurs fondateurs. On avait prétendu que cet ordre ne commença qu'au XIIe siècle. Cette question d'origine donna lieu, au XVIIe siècle, à de vives discussions entre les Carmes et les Jésuites. Le pape Innocent XII dut intervenir. Il imposa un silence perpétuel sur la question de la primitive institution de l'ordre des Carmes par le prophète Elie, et il défendit, sous peine d'excommunication, de l'agiter dans les écrits ou disputes publiques. On en était venu à des invectives qui ne convenaient pas à la charité chrétienne.

Au commencement du XIIIe siècle, les Carmes, fuyant devant les musulmans, quittèrent la Syrie et vinrent fonder des couvents en Europe. Le bienheureux Albert, patriarche latin de Jérusalem, passe pour avoir été le législateur de cet ordre.

Les Carmes portaient une robe brune, un manteau blanc et un capuce. Ils allaient nu pieds avec des sandales de cuir. La tête rasée ne conservait qu'une couronne de cheveux. Ils ne pouvaient rien avoir en propre. Ils habitaient des cellules séparées les unes des autres où ils demeuraient pour vaquer jour et nuit à la prière et à l'oraison à moins qu'ils ne fussent légitimement occupés. Ils observaient le jeûne depuis la fête de l'Exaltation de la Sainte-Croix jusqu'à Pâques, les dimanches exceptés, et l'abstinence des viandes en tout temps leur était prescrite. Ils se livraient à la vie contemplative et aux missions. Aux trois vœux de religion et à celui de ne jamais prétendre à aucune prélature ni dignité ils ajoutaient la promesse formelle de prêcher l'Evangile aux infidèles. Aussi ont-ils précédé toutes les conquêtes des Européens et leur sang a coulé à flots.

Lorsque ces religieux passèrent d'Orient en Europe, ils avaient leurs chapes barrées de blanc et de tanné ; d'où ils étaient appelés les *Barrés*. Le pape Honorius IV leur fit prendre des chapes blanches au lieu des barrées par un bref qui reçut son exécution au chapitre général tenu à Montpellier en 1394.

L'ordre des Carmes fut réformé, au XVIe siècle, par sainte Thérèse et saint Jean de la Croix et les membres s'appelèrent Carmes déchaussés.

Après avoir pris l'habit dans le couvent de l'Incarnation à Avila, sainte Thérèse, brûlée de l'amour divin, entraîna ses compagnes à observer la règle de l'ordre du Carmel dans toute sa pureté. Cette pieuse réformatrice se servit, avec l'aide de Dieu, du père Jean, du couvent des Carmes de Medina del Campo, qui prit le nom de la Croix, comme d'un instrument pour propager sa réforme dans les monastères d'hommes.

Telle fut l'origine des Carmes déchaussés dont l'institut, approuvé par Pie V et confirmé par Grégoire XIII, prit rang dans Paris au commencement du xviie siècle (1608).

A Béziers, Charles VII avait disposé de la maison de Bétisac, argentier du duc de Berry, en faveur des religieux Carmes, mais il leur donna ensuite (1425) un emplacement au lieu appelé le Pont Saint-André près la porte Saint-Guilhem et qui a gardé jusqu'ici dans le langage ordinaire le nom de quartier des Carmes. C'est là qu'ils bâtirent le couvent qu'il habitèrent jusqu'à la Révolution (1). Il confrontait du narbonnais avec la Grand'Rue, par laquelle on entrait dans le couvent. Il couvrait un vaste espace. Le réfectoire servit de siège, en 1625 et 1661, aux Etats-Généraux de la province, „ n'y ayant pas dans la ville de lieu plus propre et en meilleur état que leur réfectoire „.

Au commencement du xviie siècle, le besoin s'était fait sentir d'une réforme dans les ordres monastiques. Le général de l'ordre des Carmes avait confié au P. Jean Tuhault, carme déchaussé, le soin de faire pénétrer la réforme dans toute la province languedocienne, aussi bien chez les Pères que parmi les novices, „ à ce que Dieu en fût mieux servi et le public „. Arrivé dans la ville de Béziers, le P. Jean rencontra quelque difficulté pour la réalisation de son mandat et il ne put triompher de la résistance des religieux du couvent. C'est alors qu'il eut recours à l'autorité de l'évêque pour se ménager un appui et à l'avis des consuls pour faire entendre si la ville était favorable à l'introduction de la réforme. Dans un conseil particulier, convoqué à cet effet, le 9 janvier 1631, Pierre Rames, syndic de la ville, blâmant l'opposition des Carmes, alla jusqu'à les accuser de „ vouloir maintenir et continuer leur libertinage, au mécontentement des habitants „. Cassan, avocat du roi, représenta que

(1) Une tradition porte qu'ils firent leur premier établissement près de la rivière de l'Orb. Leur translation dans l'intérieur de la ville aurait été autorisée sous l'épiscopat de Bérenger III de Fredol par le pape Clément V, vers 1305.

l'intention du roi était que tous les ordres de son royaume se réformassent et que les Carmes ne devaient pas se soustraire à ce désir. Il fut délibéré que la ville approuvait la réforme et l'on pria l'évêque d'y donner ses soins et d'y apporter tout son zèle et tous ses efforts.

Leur église, composée d'un assez grand nombre de chapelles, était également remarquable par ses dimensions (1). Les cérémonies religieuses attiraient par leur magnificence une nombreuse assistance. Hélas! ils avaient un voisinage importun, c'était la maison et la boutique d'un maréchal situées vis à vis la grande porte d'entrée, de telle sorte que, travaillant de son métier, il faisait un si grand bruit que les religieux célébrant la sainte messe en étaient troublés. De plus, les jours d'exposition du Saint-Sacrement, les portes de l'église étant entièrement ouvertes, le peuple qui entrait et sortait avait le spectacle des chevaux blessés qu'il pansait et d'autres qu'il soignait, ce qui formait un tableau scandaleux et insupportable. Les religieux cherchaient depuis longtemps à remédier à ce mal et ils avaient dû plus d'une

(1) Elle renfermait beaucoup d'œuvres d'art. Elle fut pillée, en 1562, par les protestants, et voici, d'après un mémorial conservé dans nos archives, le résumé de ce qui fut enlevé : *Ornements d'église* : Chapes, chasubles, étoles, autels démolis, deux statues de Notre-Dame en marbre blanc de six pieds de haut ; une statue de Ste-Anne aussi en marbre ; les statues de Notre-Dame, de St-Joseph, des trois anges et pastoureaux de la chapelle des Rois, le tout de marbre blanc doré et azuré ; un retable et deux statues de marbre blanc de la chapelle neuve ; les statues de St-Quintin et de St-Georges avec son dragon de marbre blanc de la chapelle St-Eloy ; six ou sept statues de la chapelle des Innocents, quatre statues de la chapelle Ste-Lucie, autres statues et calvaire en marbre de la chapelle du Crucifix ; le retable de pleine peinture et une statue de la chapelle St-Roch ; le retable ancien, statues, crucifix et le tombeau du duc d'Anjou, gouverneur du Languedoc, ainsi que la statue grande et haute à genoux devant le Crucifix, le tout de marbre ; l'orgue et les portes de l'église brûlés, pierres des sépulcres emportées ; *idem*, un bénitier d'une pièce de métal fort beau, deux cloches de trois quintaux chacune ; toutes les verrières de l'église rompues ; dans les bâtiments conventuels tout détruit et brûlé ; enfin force dégâts, oliviers coupés, etc., aux champs appartenant au couvent. — Archives municipales et Bulletin de la Société Archéologique, 2me série, tome 8, page 173.

fois prier le maréchal de transporter ailleurs son atelier. Ils étaient presque arrivés à l'accomplissement de leurs désirs et le maréchal avait même promis une mutation lorsqu'il vint à mourir. Ses enfants, dans le dessein prémédité de vexer les religieux, cédèrent à un autre maréchal la boutique de leur père. Comme le service divin continuait à être troublé, les religieux manifestèrent hautement leur mécontentement et portèrent leur grief devant le parlement de Toulouse qui, par un arrêt du 19 février 1665, défendit de battre le fer pendant la célébration des offices, obligeant les héritiers du maréchal défunt à faire vider la maison et à la louer pour une autre industrie (1).

Quelques corps d'état avaient fait leur chapelle dans les églises des couvents. Les maîtres tailleurs voulurent avoir la leur dans celle des PP. Carmes, comme auparavant, et ils leur exprimèrent leurs désirs dans les termes suivants :

Lan 1433 et le 15e jour de juin, personnellement constitués dans Beziers dans le couuent des freres de lordre de Nostre Dame du Mont Carmel, Jean Guyot, dit Lorrain, etc., etc., en presence des sieurs prieur et freres du susdit couuent ont represente et expose que leurs predecesseurs maistres tailleurs depuis longtemps, et lorsque le prince de Galles d'Angleterre, comme ancien ennemi de la couronne, eust rauage une grande partye de ce pays, auoint leur chapelle dediee a lhonneur de l'Annonciation de la Tres Sainte Vierge Marie dans le susdit couuent des Carmes assis en ce temps la hors laditte ville, et aprez demoli ; et aprez laditte desmolition lesdits maistres tailleurs auroint pour lors change leur deuotion au couuent des freres prescheurs en la chapelle de sainct Benoict, supplient les prieur et freres de leur accorder la chapelle dont les vitres etoint decorees de l'Annontiation de la Tres Sainte Vierge Marie ou de l'Incarnation de Nostre Seigneur et armes des tailleurs auec la sepulture en icelle (2).

Les paroles des maîtres tailleurs furent entendues et la réalisation de leurs vœux fut affirmée dans une convention

(1) Archives départementales.
(2) Ibidem.

rédigée le 22 janvier 1698. „ Frères Guiraud Aimery, prieur, Bernard Galant, Barthélemy Baron, Jean Soquet, Jean Bonnamy, Jean Guydon, Pierre Dupuy, Pierre Julien, Jean Salles et Jean Gilles, freres conuentuels du couuent de Beziers, reçurent les maîtres tailleurs et compagnons pour la sepulture et celebration des saints offices et leur assignerent laditte chapelle, le prieur et les religieux mettant la main sur la poitrine à la façon des religieux, et les maistres tailleurs sur les quatre euangiles de Dieu (1). La patronne des maîtres tailleurs était sainte Luce.

Une remarquable union existait entre le corps municipal et ces religieux. Les consuls se plaisaient à les entourer de leur protection et à leur prodiguer leurs faveurs. Les Carmes accomplissaient-ils une cérémonie religieuse, ils adressaient leur invitation aux consuls. Le 17 juillet 1756, ils les priaient d'assister comme parrains à la bénédiction d'une cloche destinée à l'ornement de leur église ; et les consuls présentaient une requête à l'intendant pour être autorisés à prendre sur la subvention les fonds nécessaires à l'acquisition d'une chemise pour la cloche, comme il était d'usage que les parrains en offrissent une en pareil cas, et pour faire contrepoids, ils leur donnèrent encore une pièce qui avait servi de contrepoids au pont-levis de la porte du Pont.

Un malheur arrive à leur cloche. Les Carmes prenant leur aumônière ont fait une quête pour la remplacer, mais elle se trouve insuffisante. Pour la grossir, ils font appel à la générosité des consuls. Leur supplique que nous allons reproduire présente quelque trait caractéristique :

Messieurs, les cloches dans une ville, vous le sçaués, sont les signaux de la religion qui appellent le citoyen fidèle aux pieds des autels pour rendre au Dieu de toute sainteté le culte religieux qu'il a droit d'exiger

(1) Archives départementales.

et qui contribue si avantageusement au bien de la société et à la gloire de l'Eglise.

Celle que nous avons eu le malheur de voir casser par un groupe de personnes du sexe qui, par malice ou par légèreté, s'invitaient à la sonner dans le temps que notre communauté etoit occupée à faire un enterrement, portoit, Messieurs, l'empreinte des bienfaits accordés à notre maison par vos genereux predecesseurs et avoit tous les caractères de l'avantage commun, de l'utilité publique.

Et d'abord quelle foi de la part du peuple dans le son retentissant de cet airain sacré, surtout lors de ces orages menaçans, de ces foudres grondans, qui paroissent mediter la perte d'une abondante recolte, l'espoir flatteur des citoyens et la ressource unique des habitans de la campagne.

A ce premier trait d'utilité publique un second s'est souvent, Messieurs, presenté à vos yeux. Combien de fois n'avés vous pas vu les fidèles courir en foule, et vous mesmes la grossir, pour venir entourer nos autels lorsque le son funeraire de notre cloche vous annonçoit qu'un parent, qu'un ami, qu'un voisin etoit sur la couche de mort. Dans ces moments effrayans, nous leur devons tous des suffrages. Nous avons le droit de vous appeler dans nos eglises ; nous vous invitons de venir joindre vos voix aux nostres, et par une piété religieuse nous faisons retentir les voûtes sacrées du chant lugubre consacré pour les mourans. Nous seuls dans cette ville avons a cet egard le bonheur d'estre les dispensateurs des trésors de l'Eglise ouverts en faveur des agonisans, et notamment par une concession spéciale de la part du Souverain Pontife, en faveur de ceux qui, dans les armées de Sa Magesté, meurent les armes a la main, pour la gloire du prince et la defense de l'Etat. C'est pour cette raison que la benediction du Tres Saint Sacrement est donnée chaque samedy de l'année.

Depuis que nous sommes privés de la susdite cloche, nous avons la douleur de nous voir isolés dans nos pieuses ceremonies et dans nos fonctions les plus augustes. Nous nous etions flattés de suppleer au defaut de nos ressources par une queste generale faite dans la ville. Le succès n'a pas repondu à notre attente ; il s'en faut de la moitié que nous ayons le fond necessaire pour fournir aux frais de la refonte de laditte cloche. C'est pourquoi nous osons, Messieurs, vu son utilité publique, implorer votre secours : quelque mediocre qu'il puisse estre, il sera toujours pour nous une preuve de votre bienfaisante protection, une ressource dans notre pressant besoin et le germe d'une vive reconnaissance qui nous fera sans cesse adresser des vœux au Ciel pour votre prosperité. F. Buard, prieur des Carmes (1).

Une occasion s'offrit aux PP. Carmes de se montrer reconnaissants envers les consuls. Ceux-ci désiraient acquérir une petite maison placée entre l'église de leur couvent et la porte de la ville où aboutissait la rue dite des Carmes pour y loger le „ pourtalié „ ou portier.

Le 4 août 1767, il y eut, en la forme ordinaire dans la salle du couvent une assemblée générale de la communauté composée des R. P. Hierosme Gept, prieur, Saturnin Bouchaud, sous-prieur et syndic, Mathias André et Damascène Platet, et il fut délibéré qu'on donnait pouvoir au P. Bouchaud „ de bailler la susdite maison a Mrs les consuls et communauté de Beziers a l'albergue annuelle et perpetuelle de douze livres payable a chaque jour et feste Saint-Gilles, quitte de toute retenue „.

Actes de libéralité produits en faveur du couvent des PP. Carmes :

25 septembre 1525. — Acte par lequel Jacques Servientis, baille du lieu d'Aspiran, fonde en faveur du couvent des PP. Carmes, de Béziers, une rente d'un quartal d'huile payable chaque année à perpétuité.

22 juillet 1541. — Acte par lequel dame Agnès Trinquaire, baronne de Sorgues et Puisserguier, fonda et dota la chapelle dite des Trois Rois en l'église des PP. Carmes de Béziers, et donna au sr Jean Roque, prêtre, une maison, une olivette et une vigne à la charge de dire tous les ans à ladite chapelle trois messes par chaque semaine. Mais, en 1542, led. prêtre et lad. dame cancellèrent et annulèrent

(1) Archives départementales.

d'un commun accord led. acte. En 1548, lad. dame baronne de Sorgues et de Puisserguier donna lesd. trois pièces aux PP. Carmes à la charge de dire et célébrer à perpétuité une messe basse à la dite chapelle chaque jour, sans autre observation.

10 septembre 1549. — Autre acte par lequel Pierre Boyer, seigneur et baron de Sorgues, de Puisserguier, et viguier de la présente ville, en qualité de fils et héritier universel d'Etienne Boyer et d'Agnès Boyer, ses feus père et mère, confirme la donation des trois pièces faites aux PP. Carmes, avec les charges susdites, à la condition que lesdits PP. Carmes seront tenus et obligés d'avertir et d'attendre led. s^r^ et sa femme, et, en leur absence, celui qui gouvernera la maison et, après leur décès, avertir seulement leur héritier ou héritière provenant d'eux en ligne droite, lesquels venant à manquer, lesd. PP. Carmes seront tenus de célébrer lad. messe à six heures du matin, et faute d'y satisfaire, il sera loisible aux héritiers d'avoir tel prêtre qu'ils voudront, à qui les PP. Carmes seront obligés de fournir les ornements et vêtements.

3 février 1656. — Testament par lequel Gabrielle Bessière lègue aux PP. Carmes une somme de trente livres.

28 décembre 1656. — Testament par lequel Guillaume Landes, de Béziers, donne à l'église des PP. Carmes la somme de sept cents livres pour être employées à construire la chapelle de sainte Thérèse joignant la chapelle de Notre-Dame d'Espérance que le s^r^ Landes a fait construire, son image peinte dans un tableau au-dessus de l'autel et ses armes au-dessous de la dite chapelle. „ En outre, je veux et ordonne qu'à perpétuité, il soit célébré une messe basse de Requiem tous les jours de l'année pour le repos de mon âme et celle de mes parents.

11 septembre 1657. — Testament par lequel demoiselle

Jehanne d'Arnaud, femme d'Aphrodise Bousquet, bailhe de Magalas, donne au couvent des Carmes la somme de cinquante livres pour cent quatre-vingt-cinq messes.

11 février 1663. — Testament par lequel Anthoinette Fraïsse, veuve de Pierre Viguier, donne aux PP. Carmes une somme de cinquante cinq livres pour qu'ils prient pour elle après sa mort.

23 février 1663. — Testament par lequel Mme de Villespassans lègue aux PP. Carmes cent livres pour messes à dire après son décès.

4 juillet 1663. — Testament par lequel Jeanne Taurassonne institue son héritier le couvent des Carmes de Béziers.

5 novembre 1682. — Testament par lequel messire Pierre de Graves, chanoine de l'église métropolitaine de Notre-Dame de Paris, fonde à perpétuité une messe tous les jours de l'année dans l'église des Carmes, pour laquelle fondation il donne et lègue aud. couvent la somme de trois mille livres.

7 février 1684. — Testament par lequel Bernard Azéma, bourgeois de Béziers, lègue au couvent des Carmes de Béziers la somme de deux cents livres à la charge de dire tous les ans à perpétuité deux messes basses.

17 août 1689. — Testament du sr Charles Vaissière léguant aux PP. Carmes deux cents livres pour une fondation de vingt-quatre messes à dire pour le repos de son âme.

10 août 1701. — Testament par lequel Mlle Violan de Couderc, veuve du sr Antoine Cabanes, capitaine, habitant de Béziers, veut être ensevelie dans l'église des Carmes de

Béziers et dans son tombeau, dans laquelle église elle a fondé à perpétuité une messe basse de Requiem tous les mercredis de la semaine pour le repos de son âme et lègue une somme de cinquante livres.

Les Augustins

ERMITES DE SAINT-AUGUSTIN OU AUGUSTINS RÉFORMÉS

L'établissement des Ermites de Saint-Augustin ou Augustins réformés (1) à Béziers ne saurait être fixé d'une manière précise. Selon une tradition accréditée, leur première maison, bâtie hors et près des murs de la ville, a dû exister dans le faubourg Saint-Jean. Les maux qui pesèrent sur la Septimanie et le Languedoc et les craintes nées durant la guerre contre les Anglais en entraînèrent la destruction. Les habitants de Béziers la firent démolir, comme les autres, de fond en comble (1355).

Ce couvent fut postérieurement rétabli dans l'intérieur de la ville, non loin de la porte Tourventouse.

L'autorisation de le reconstruire leur fut accordée par une bulle du pape Martin V (15 des kalendes de septembre 1423) (2).

(1) Il y avait aussi les Augustins déchaussés, introduits en France au XVIe siècle, qui, ayant tenté de s'établir à Béziers en 1635, virent leur demande rejetée par le conseil général de la commune du 26 septembre et du 31 décembre 1635.

(2) *Gallia christiana*, instrumenta, page 165.

Un acte du 8 mai 1481 mentionne un échange fait entre les consuls de Béziers et le provincial des Augustins, et dont l'exécution n'eut lieu qu'en 1508, comme le rapporte la Chronique de Mercier et Régis. Les Augustins eurent en dernier lieu leur couvent dans la rue de l'Argenterie (1).

Disons un mot de leur origine :

Saint Augustin a été l'instituteur de la vie religièuse en Afrique. Il laissa, en mourant, à son Eglise plusieurs monastères d'hommes et de femmes. Obligé de fuir devant les Vandales, en 428, saint Eugène, un de ses compagnons, se réfugia dans le Midi de la Gaule et fonda, non loin de la ville d'Alby, en Languedoc, un couvent de l'ordre de Saint-Augustin, où il finit ses jours.

Les moines désignés en France sous le nom d'Augustins dérivaient des Ermites de l'ordre de saint Augustin : épars en Italie, ils furent réunis par le pape Alexandre IV qui les soumit, en 1256, à la règle de saint Augustin et mis, en 1567, par le pape Pie V, au nombre des quatre ordres mendiants, tels que les Dominicains, les Frères Mineurs, les Carmes et les Augustins, voulant que ces ordres fussent réputés *mendiants quoiqu'ils possédassent des rentes et des fonds*.

L'ordre des Ermites de Saint-Augustin fut divisé en Grands Augustins et en Réformés dits Petits Augustins ou Petits Pères.

Le couvent des Grands Augustins (2) à Paris était de l'ordre des Ermites de Saint-Augustin. Ils étaient assez multipliés. Ils avaient des couvents à Toulouse, à Montpellier, à Avignon, à Béziers, à Montagnac. Leur habillement consistait en une robe et un scapulaire blanc pour

(1) Rue qui va des Augustins à la Croix de Saint-Cyr ; rue de la Vache derrière les Augustins (Compoix, bourg de Nissan).

(2) Ils étaient distincts des Petits Augustins dont la maison est maintenant occupée par l'hôpital de la Charité.

l'intérieur. Quand ils étaient au chœur ou qu'ils sortaient, ils portaient une coule noire et par dessus un grand capuce se terminant en rond par devant et en pointe par derrière jusqu'à la ceinture de cuir noir. Ils étaient chaussés de sandales de corde et avaient la barbe longue.

Ils pratiquaient de grandes austérités. Ils jeûnaient en dehors des jours prescrits par l'Eglise, depuis l'Exaltation de la Sainte-Croix jusqu'à la fête de Noël, et depuis la Septuagésime jusqu'à Pâques, tous les mercredis, les vendredis et samedis de l'année et la veille de quelques fêtes particulières de l'ordre. Ils prenaient la discipline trois fois la semaine. Le silence était rigoureusement observé pendant le temps de l'oraison. Ils étaient voués particulièrement à la prédication.

A cet ordre appartint Martin Luther, le réformateur de l'Allemagne, et qui s'érigea en rival des Dominicains.

Les personnes pieuses n'oubliaient jamais les couvents dans leurs actes de libéralité. Plusieurs pièces de terre échurent aux PP. Augustins par voie de donation. Outre une boutique confrontant leur cloître, nous avons relevé sur les feuilles de compoix :

1555. Une vigne close de murailles, hors la ville, à Saint-Jean ; un champ d'oliviers, al Cagaraulié, à la Daubinelle, à la Corondelle ou Carrière Vieille.

1561. Une olivète au tènement de la Cartarié, chemin de Vendres, léguée par M. Pierre de Plantavit, seigneur de Margon.

1580. Une vigne au terroir de Saint-Vincent.

1601. Une olivète au tènement de Puech Audibert, léguée par M. de La Barthe.

1603. Un champ complanté d'oliviers au Puech de Congues, donné par Julien Madailhe.

27 avril 1614. — Acte par lequel Pierre Mercier, receveur du grenier à sel, lègue aux moines une somme de huit cents livres, pour qu'ils prient pour le repos de son âme.

12 août 1665. — Testament par lequel demoiselle Isabeau de Naffaud, veuve de Pierre Pomairols, avocat, lègue aux R. P. Augustins, de Béziers, une somme de soixante livres à la charge de faire dire un annuel pour prier Dieu pour son âme.

Quelquefois des maisons ou autres immeubles se léguaient à des héritiers à condition qu'il serait prélevé une somme destinée à être payée aux religieux du couvent. Nous voyons, dans un acte du 6 mars 1651, qu'Antoine Lacroix, acquéreur de la maison de feu Claire de Roquefère, eut à remettre une somme de quatre cents livres au R. P. Gilles du Rieux, prieur du couvent des Augustins de Béziers.

La toiture de l'église des Augustins menaçait ruine. En 1627, ils la mirent à bas pour relever les deux murs latéraux et exhausser la voûte. Mais ils se lancèrent dans une dépense considérable sans calculer ni prévoir ce qu'elle coûterait, comptant sans doute sur la charité des habitants. Quand le moment fut venu de la solder, ils adressèrent une supplique au conseil de ville, priant les consuls de leur venir en aide. Comme la ville se trouvait grandement endettée, elle ne put point leur faire toutes les libéralités qu'elle aurait voulu. Elle leur promit de leur abandonner mille livres sur la somme de deux mille livres qu'elle avait prêtée depuis 1621 à la duchesse de Montmorency, s'ils la trouvaient prête à effectuer son remboursement. Aucune de leurs démarches n'aboutit au résultat qu'ils attendaient. La ville, prenant en considération la pressante nécessité où ils se trouvaient, leur accorda la somme de trois cents livres (1). Mais à la mort de la duchesse de Montmorency, le prince de Condé paya aux religieux la somme de deux mille livres pour être employée au profit de leur couvent (2).

Mgr de Ventadour, lieutenant général pour le roi, écrivit le 15 septembre 1632 aux consuls pour les informer que les Etats de la province se tiendraient à Béziers et les prier de préparer un lieu pour la réunion. Ce fut le couvent des Augustins qui fut choisi comme offrant les plus grandes commodités (3) et la réunion eut lieu dans leur église le 11 octobre suivant, mais pour les années 1620, 1621, 1624, elle s'était tenue dans leur réfectoire.

Tel fut le lieu où fut tenu le 11 octobre 1632 l'assemblée des Etats, dans laquelle fut imposé un édit célèbre dans la province sous le nom d'Edit de Béziers, foulant aux pieds ses droits, ses libertés et ses privilèges, la grevant de fortes contributions, et qui fut suivi de la condamnation à mort du duc de Montmorency, qui s'était jeté dans les bras du duc d'Orléans pour résister aux troupes du roi (30 octobre).

Leur couvent servit d'infirmerie pendant la peste de 1630. Les consuls pour les indemniser leur accordèrent une somme de quatre cents livres (4).

L'hôtel-de-ville possédait jadis une chapelle intérieure où se faisaient des exercices spirituels. Les PP. Augustins en furent pendant longtemps les aumôniers (5). Ils s'appuyèrent, en 1725, sur les services qu'ils rendaient au corps municipal pour réclamer des consuls une faveur particulière et ils leur adressèrent le placet suivant :

(1) Délibérations des 4 février 1627 et 14 octobre 1628.

(2) Délibérations des 27 mai, 8 et 15 juin 1661.

(3) Délibération du 25 septembre 1632.

(4) Délibération du conseil général du 21 juin 1631.

(5) Du 10 décembre 1626 au 2 août 1732.

Messieurs, les religieux Augustins de cette ville prennent la liberté de vous représenter que le malheur des temps les a réduits à l'impossibilité d'entretenir un valet pour aller prendre de l'eau à la fontaine. Ils vous remontrent aussi tres humblement qu'en qualité d'aumosniers de la maison de ville, ils ont besoin d'un religieux surnumeraire pour en faire regulierement le service, comme messieurs les consuls demandent. Lesdits religieux se conformeront touiours à leur volonté. Mais ils vous prient Messieurs, de leur epargner la depense d'un valet pour qu'ils puissent entretenir le prebstre destiné au service de la maison de ville. L'expedient qu'ils ont l'honneur de vous fournir ne fera aucun preiudice au public. Il consiste a leur donner un filet d'eau a boire ; votre charité le leur fait esperer et leur reconnaissance vous asseure de la continuation de leurs prieres pour la prosperité de la ville et votre conservation (1).

Cette requête eut un heureux succès. Il leur fut loisible de recueillir l'eau qui s'échappait du réservoir de la fontaine de la ville. Cette quantité fut suffisante pour les besoins du couvent et pour l'irrigation du jardin. Le surplus même, comme nous le verrons, fut profitable aux PP. Capucins dont le couvent se trouvait situé au-dessous.

Les Augustins avaient traversé la période de leur existence d'une manière assez paisible. A l'approche des temps qui devaient être témoin de leur suppression, leur couvent fut le théâtre d'un petit fait que nous allons exposer.

Le 13 février 1791, ils célébraient dans leur église la fête de saint Guillaume, un de leurs patrons, tombée le 10 du même mois et renvoyée à ce jour par le prieur du couvent. Une grande foule était accourue pour assister à l'office du soir et entendre le sermon prêché par le P. Jean-François Vernhes, jeune religieux natif de Béziers, mais résidant à Perpignan. Tout le monde suivait avec intérêt les paroles de l'orateur. Tout à coup un murmure éclate au fond de l'église et un commencement d'agitation se produit. Ne pouvant supporter ce qu'il considérait comme des mensonges et des apostrophes injurieuses contre les décrets de

(1) Archives municipales.

l'Assemblée nationale, les plus propres à provoquer la guerre civile, le citoyen Pouderous, juge du tribunal du district, interrompit brusquement le prédicateur et s'écria : „ C'est une chose indigne que vous dites là ! „ L'assemblée se lève alors et, par des clameurs réitérées, force l'orateur à discontinuer son discours et à descendre de la chaire. Le peuple se porte en foule vers la maison commune pour dénoncer le délit et demander main-forte pour arrêter le religieux et le soustraire à la violence.

Le P. Vernhes, traduit devant le maire et les officiers municipaux de la commune de Béziers, fut convaincu d'avoir prononcé dans la péroraison de son sermon des phrases suspectes et critiques pour les circonstances actuelles dans lesquelles „ il aurait insinué que le temple, où il prêchait, allait, ainsi que bien d'autres, être employé à des usages profanes; que la religion était sacrifiée à la politique, les ministres du seigneur dépouillés de leurs biens, livrés au mépris, ne sachant bientôt où reposer leur tête... „ Il fut condamné au blâme et on lui fit défense de récidiver sous peine d'être puni suivant la rigueur des lois. Le jugement est signé des noms suivants : Buisson, maire, Solignac, Bédos, Chevalier, Mainy, Causse, Fraisse et Gasc, officiers municipaux.

Or voici la péroraison textuelle donnée par le manuscrit du P. Vernhes :

Saint Grégoire de Nazianze, parlant pour la dernière fois devant les fidèles de Constantinople, exprimait en ces termes les sentiments de son cœur : « *Vale, o magnum hoc templum!* » Je ne paraitrai plus dans ce temple auguste où Dieu habite d'une manière ineffable, où s'offre tous les jours le sacrifice de paix, où les louanges de l'Eternel retentissent tour à tour pour l'édification d'un peuple chrétien. *Depositum meum custodite*; gardez fidèlement le dépôt de la foi et de l'Evangile et afin que votre fidélité soit constante, je souhaite que la grâce de Notre Seigneur J. C. soit avec vous tous. *Gratia Domini nostri J. C. sit cum omnibus vobis*. Tel fut le langage d'un grand Saint, la lumière et l'ornement de l'Eglise. Qu'il me soit permis de terminer par les mêmes sentiments le discours que je viens de vous adresser. *Vale, o magnum hoc templum!* Je cesse de parler dans cet asile de la religion, dans cette arche sainte où le Dieu d'Israël avait mis comme en dépôt le trésor de son amour ; dans ce temple auguste où le Dieu des chrétiens aimait à répandre ses bienfaits; où les fidèles venaient puiser à chaque instant de nouvelles bénédictions. Hélas! cet auguste monument de la piété de nos ancêtres est prêt à servir à des usages profanes ; mais vous au moins, Peuple chrétien, toujours attachés aux principes de vos pères, à la religion de vos ancêtres, soyez fidèles à garder le dépôt de la saine doctrine, *depositum meum custodite.*

Le prédicateur, interrompu à ces derniers mots, aurait ajouté les suivants qui n'auraient pas été entendus :

Pour nous, toujours soumis à la main qui frappe, pleins de respect pour celle qui permet, nous n'implorons que celle qui soutient. Le Dieu magnifique qui règne dans le ciel se souviendra de tous les sacrifices que nous avons faits pour lui plaire, il comptera tous nos soupirs, il couronnera toutes nos vertus et sa grâce demeurera toujours en nous. *Gratia Domini nostri J. C. sit cum omnibus vobis. Amen* (1).

Le 4 janvier 1792, une partie du couvent des Augustins, vaste et spacieux, fut converti en salle de spectacle sur la demande de Colard, architecte, qui en devint propriétaire, et il a longtemps servi à l'usage des représentations dramatiques qui se donnaient auparavant dans une salle de l'hôtel-de-ville.

---

(1) Archives municipales. Liasse des Augustins.

Les Capucins

La congrégation des Capucins était une réforme des Franciscains entreprise, en 1525, par Matteo Baschi, religieux observant du couvent de Montefiascone. Ils avaient une robe de bure avec un capuce carré, d'où est venu leur nom. Cet ordre commença en 1528, à Camerino dans l'ancien duché de Spolète. Il s'établit en France, en 1573, sous Charles IX, avec l'autorisation de Grégoire XIII, et il fut érigé en ordre spécial par le pape Paul V, sous le pontificat duquel son supérieur prit le nom de général.

On sait que Henri, duc de Joyeuse, gouverneur du Languedoc, se fit capucin, le 4 septembre 1587, vingt-six jours après la mort de sa femme, sœur du duc d'Epernon, et fit profession sous le nom de frère Ange. Ce fut dans son couvent qu'après la mort accidentelle de son frère, à la bataille de Coutras, les seigneurs de la Ligue allèrent le chercher et l'obligèrent à se mettre à leur tête. On connaît les vers que lui a consacrés Voltaire :

Ce fut lui que Paris vit passer tour à tour
Du siècle au fond d'un cloître et du cloître à la cour :
Vicieux, pénitent, courtisan, solitaire
Il prit, quitta, reprit la cuirasse et la haire (1).

Faut-il rappeler qu'à l'ordre des Capucins appartenait le père Joseph (François le Clerc du Tremblay), 1577-1638, l'ami et le confident du cardinal de Richelieu, et surnommé l'*Eminence grise* ?

(1) *La Henriade*, chant IV, vers 21-24.

Les Capucins se distinguaient par leur longue barbe et leurs pieds nus chaussés seulement de sandales. Ils faisaient profession de mendier. Ils se recrutaient dans les rangs inférieurs de la société et jouissaient d'une grande popularité. Dans les temps d'épidémie ou de peste leur place était marquée aux avant-postes. Ils se prodiguaient au chevet des moribonds, se renfermaient dans les enclos où ces malheureux étaient relégués, car nul habitant n'osait approcher des pestiférés. Dans ces tristes circonstances, ils se faisaient tout à la fois médecins, infirmiers, cuisiniers, notaires, fossoyeurs. De plus, même en temps ordinaire, ils avaient dans leurs maisons des pharmacies populaires où le peuple pouvait toujours puiser.

L'année 1584 les vit arriver à Béziers. Ils avaient leur monastère contigu à la partie du rempart s'étendant du belvéder et du cimetière de Saint-Jacques au rempart de la place de la Tible.

La trace de leur enclos se reconnaît aisément dans l'espace compris entre la rue de la Citerne et la rue des Capucins où se trouve l'entrée du couvent actuel des sœurs Jacquettes qui en occupe une partie et surtout l'ancienne église, tandis que le reste a été divisé entre un grand nombre de particuliers. A l'intérieur, on voit encore deux citernes dont l'une construite dans la grande cour est très vaste et formée d'une série d'arceaux en ogive.

On avait établi un jeu de mail entre la muraille de la ville et le jardin des Capucins; plusieurs boules étaient tombées dans le jardin et avaient frappé des religieux.

Les Pères demandèrent à clore cet espace de manière qu'on ne pût plus y jouer. Le conseil général, 29 avril 1636, accorda la permission à condition qu'on établirait deux portes à chaque bout pour le service des rondes, s'il y avait lieu. Lorsqu'en 1629 l'irruption des eaux eut amené l'écroulement des murailles de leur jardin, la ville leur donna par aumône ce que leur coûta la reconstruction de ce mur (1).

Le duc de Montmorency-Damville leur donna la maison de Raymond Margeal qu'il avait achetée au prix de neuf cent cinquante livres et il les recommanda aux consuls par la lettre suivante :

Messieurs les consuls, je vous ay voulu fayre ce mot pour vous prier avoir en singulière recommandation les Capucins qui demeurent a Beziers, que j'ententz recevoir le traitement que merite leur sainteté de vye ; et que vous ne vous estes monstrés affectionnés à leur endroict, comme il semble que la piété vous y convie, jusques a leur avoir reffusé quelques prestz qui leur sont necessaires pour fermer certaines portes qui leur restent. Je vous prie les avoir pour recommandés et me contenter en ceste occasion..... Suppliant sur ce le Créateur vous avoir et conserver, Messieurs les consuls, en sa tres sainte et digne garde. De Pézenas, ce 22e janvier 1585. Vostre meilleur et affectionné amy. Montmorency (2).

L'évêque Thomas de Bonsy les autorisa en 1594.

Lorsqu'en 1630 et 1652 la peste jeta l'épouvante et la consternation dans la cité et les villages voisins, Cazouls-lès-Béziers, etc., ils remplirent héroïquement leur devoir et aucun danger ne fut au-dessus de leur dévouement et de leur courage. Rien ne les arrêta dans ce que leur charité les excitait à entreprendre et à pratiquer. Les chroniques attestent que vingt-quatre de leurs religieux (3) succombèrent, affaiblis par les veilles et les fatigues qu'ils affrontaient pour secourir et soigner ceux qui étaient atteints de la contagion. Tant d'abnégation devait les grandir aux yeux des populations abandonnées à elles-mêmes et décimées par le fléau. Pour reconnaître les biens spirituels qu'ils avaient opérés, les consuls et les notables de la ville vinrent leur

(1) Conseil du 10 février 1620.

(2) Registre de Omnibus, t. 2, fo 8.

(3) PP. Celse de Jouarre, Luc de la Canourgue, Martinien de Cordet, Berard de Daloce, etc.

offrir et les prièrent d'accepter certaines possessions. A leur offre ils répondirent par un refus accompagné de remerciements, parce que leur état ne leur permettait pas d'avoir des revenus. La ville leur paya une rente annuelle de cinquante livres.

Les habitants de Béziers se félicitaient de compter au milieu d'eux une congrégation si désintéressée et si dévouée. Une occasion permit de leur rendre quelque service. De tout temps l'eau a coulé parcimonieusement dans nos rues. Les Capucins demandèrent qu'on leur accordât de conduire dans leur maison l'excédent de l'eau qui déversait de la cuve de la fontaine. Pareil désir ne fut pas plutôt exprimé qu'il fut gracieusement exaucé. Comme Louis XIII passait à Béziers, à son retour de Perpignan, on pressa le père gardien de leur couvent de faire ratifier cette concession par l'autorité du roi ; ce qui fut réalisé au gré de tout le monde. Tout avait été prévu pour leur garantir le privilège. Un jour que le niveau de la fontaine semblait avoir diminué, il fut recommandé aux PP. Augustins placés au-dessus d'eux et jouissant d'une faveur analogue de ne pas retenir une plus grande quantité d'eau que celle qui leur serait indispensable et il fallut recourir à l'arbitrage des consuls pour aplanir une difficulté survenue entre les deux ordres religieux. Une conduite (*canounade*) recevait l'eau qui s'échappait de la fontaine de l'hôtel-de-ville (1) pour la porter au couvent des Augustins et à la place Saint-Cyr d'où la prenaient les Capucins. Les premiers avaient droit à un quart et les autres, aux trois quarts. C'est ce qui avait été réglé par un contrat passé entre eux le 20 juillet 1620, devant Me Bonnal, notaire.

Les Augustins furent soupçonnés d'avoir substitué à leur propre tuyau un tuyau plus large. Le P. Gelase Cassan,

(1) Dans la séance du 2 juillet 1626, les consuls, sur la demande des Capucins, firent baisser d'un pan la pile de la fontaine pour que l'eau arrivât plus facilement chez eux.

prieur et syndic des Augustins, niait avoir fait subir le moindre changement à leur tuyau et il ajoutait pour sa justification que, par la suite des temps, la rouille pouvait bien l'avoir creusé et agrandi. Plainte fut portée devant les consuls, seuls juges compétents en vertu des termes du contrat. Après constatation d'une modification apportée au tuyau, ils ordonnèrent, par sentence du 7 août 1659, qu'on en ferait un nouveau marqué aux armes de la ville en relief, de la même largeur et de la même matière, qu'il serait placé en leur présence, que les Augustins ne pourraient y toucher qu'avec l'assistance du père spirituel des Capucins et des consuls, à peine d'être privés de la jouissance de la quantité d'eau qui leur revenait. Un ruban, qui en représentait la grosseur, scellé à la cire brûlante avec les armes de la ville, fut remis aux Capucins qui devaient le garder comme marque pour y recourir, le cas échéant (1).

Le principal rôle des Capucins consistait à lutter contre les doctrines de Calvin.

Ils s'employaient à des missions soit dans les villes, soit dans les villages. Leur langage, parfois empreint d'une certaine trivialité, était d'une aimable simplicité, persuasive et touchante ; grâce à leur costume, à la singularité de leurs allures, à l'habitude qu'ils avaient de se mêler aux populations, ils réussissaient à convaincre les masses.

Il nous a été donné de nous en faire une idée convenable. Nous avons eu entre les mains un volume contenant les sermons prêchés pendant l'Avent et quelques panégyriques du P. Aphrodise Tricot, de Béziers (2). Vous y voyez les grandes vérités de la religion chrétienne prêchées aux fidèles dans un langage solide et énergique uni à la pureté et à la simplicité de l'esprit évangélique. Ce sont de ces sermons

(1) Registre de Omnibus, t. 5, f° 50-52.

(2) *La Conversion du pécheur* ou *Sermons prêchés pendant l'Avent* par le P. Aphrodise, de Béziers, prédicateur capucin de la province du Languedoc, Béziers, Estienne Barbut, 1694, 1 vol. in-8°.

dont on sort toujours en étant mécontent de soi, malgré quelques infractions aux règles du goût.

C'était une circonstance marquante pour un couvent lorsqu'un chapitre général s'y assemblait. Cet honneur allait être fait, en 1776, au couvent des Capucins de Béziers. Mais c'était aussi un surcroît de dépenses pour la maison. En présence de revenus bien réduits, le provincial fit appel à la générosité du maire et des consuls dans les termes suivants :

Le provincial des Capucins a l'honneur de vous representer qu'ayant eté obligé d'employer, pour les reparations indispensables qu'exigeoit le couvent de Beziers, les sommes que Sa Majesté a bien voulu lui faire payer à titre d'aumosnes, et se trouvant depourvu de ressources et hors d'état de fournir à la depense qu'entraine necessairement un chapitre aussi nombreux, a recours a vous, Messieurs, dont la charité a coutume de se répandre de preferance sur les pauvres evangeliques, pour vous prier de lui accorder quelque secours. Le desir que bien des personnes m'ont manifesté de jouir de la satisfaction de voir tenir notre chapitre dans cette ville m'a engagé a en faire le choix. Je l'y ai cité, Messieurs, pour me rendre digne de votre approbation et pour vous donner quelque idée des sentiments de patriotisme dont je suis affecté.

Lorsque vous avés admis nos anciens dans l'enceinte de cette ville, vos ancestres ont bien voulu leur servir de peres ; ils les ont regardés comme leurs enfants ; ils ont repandu dans leur sein des secours suffisans pour les faire subsister. Vous marchés, Messieurs, sur des traces aussi charitables ; vous partagés leur gloire et leur merite. Mais aujourd'hui les secours ordinaires ne sont pas suffisans pour fournir aux besoins d'un nombre de religieux aussi considérable. Je viens donc, Messieurs, vous faire l'humble priere de suppleer a mon insuffisance. Et a qui pouvois-je m'adresser avec autant de confiance? Quel temps plus propice prendrois-je pour vous demander ce secours? C'est un patriote qui vous fait cette demande ; il vous sera glorieux de ne point le voir embarrassé lorsqu'il sera obligé de nourrir tant de religieux. C'est un temps de prière, de largesse et de sainteté ; vous ne voudriés point vous priver du merite de l'aumosne. Aussi osé-je esperer, Messieurs, que dans une circonstance comme celle-ci, qui arrive si rarement, vous voudrés bien prester une oreille favorable a ma priere. Vos dons acquerront un droit particulier à la reconnaissance de tout un corps qui voudroit se devouer tout entier a votre service,comme il en donna une preuve evidente lorsque le fleau terrible de la peste ravagea ce diocese.

C'est dans cette douce esperance fondée sur vos bontés que j'ai l'honneur de me dire avec le plus profond respect, Messieurs, votre tres humble et tres obeissant serviteur. F. Archange, de Beziers, provincial des Capucins.

Les consuls n'hésitèrent pas à s'acquitter de ce qu'on pourrait appeler une dette de reconnaissance. Sur leur demande, M. de Saint-Priest, intendant de la province du Languedoc, les autorisa à prendre sur le fonds de la subvention la somme de cinquante livres pour aider les PP. Capucins à fournir à la dépense du chapitre général qui allait être incessamment tenu.

Ils n'échappaient pas à la surveillance de l'évêque, et un de ces religieux attira un jour sur lui les foudres épiscopales; c'était le frère Auguste de Manosque :

Aymard Claude de Nicolay, par la grâce de Dien et l'autorité du Saint Siege apostolique, eveque et seigneur de Beziers, conseiller du Roi en ses conseils, etc.:

Par ces presentes, signées de nos vicaires generaux, scellées de notre sceau et contresignées par notre secretaire, et pour raisons à nous connues, Avons revoqué et revoquons l'approbation de precher et de confesser par nous accordée au frere Auguste de Manosque, religieux capucin, l'avons en consequence interdit et l'interdisons pour la predication et l'exercice du sacrement de la penitence, dans toute l'etendue de notre diocese et notamment dans notre ville episcopale ; voulons que les presentes aient leur plein et entier effet a dater de ce jourd'huy. Donné dans notre palais episcopal le troisieme avril mil sept cent soixante-dix-neuf. *Signés :* Lavelanet, v. g., Castelnau, v. g. *Par Monseigneur, signé :* Daydé, secretaire (1).

La custodie de Béziers comprenait les couvents de Béziers, Montpellier, Lunel, Sauve, Le Vigan, Ganges, Fron-

(1) Arch. mun. Registre du secrétariat de l'évêché, de 1775-1780, p. 206.

tignan, Agde, Pézenas, Servian, Narbonne, Lagrasse, Perpignan, Céret, Vinça, Prades. Les dignitaires étaient désignés sous le nom de Définiteur, de Provincial, de Gardien. Il y avait des lecteurs pour les études de théologie et de philosophie, et des maîtres des novices.

A la Révolution, le couvent fut affecté au séminaire départemental.

Les Prêtres de la Mission

Les Prêtres de la Mission ont été fondés par saint Vincent de Paul, le 1er mars 1624, avec l'aide du comte et de la comtesse de Joigni (1), qui donnèrent quarante-cinq mille livres pour assurer le commencement de l'œuvre (2). Ils furent approuvés le 24 avril 1626, par Jean-François de Gondi, archevêque de Paris, frère du général des galères. Ce ne fut d'abord qu'une association de trois prêtres (3) unis à saint Vincent de Paul et logés près de la porte Saint-Victor, dans un vieux collège nommé le Collège des Bons-Enfants. La communauté s'étant considérablement accrue dans la suite, le roi Louis XIII accorda ses lettres patentes aux mois de mai 1627 et de février 1630. Urbain VIII l'érigea en congrégation par une bulle du 12 janvier 1632, sous le titre

(1) Il s'agit de la famille de Gondi à laquelle appartenait la ville de Joigni.

(2) Contrat du 17 avril 1625.

(3) MM. Antoine Portail, du diocèse d'Arles, François du Coudrai et Jean de La Salle, prêtres de Picardie.

de Congrégation de la Mission, et la charge de supérieur général fut imposée à saint Vincent de Paul.

Les Prêtres de la Mission unirent au Collège des Bons-Enfants le prieuré de Saint-Lazare qui leur fut cédé par les chanoines réguliers de la Congrégation de Saint-Victor, par acte du 7 janvier 1632, en se réservant le droit d'y finir leurs jours.

Leur maison fit de très grands progrès non seulement à Paris mais encore dans le reste du royaume et dans les pays étrangers.

Ils se consacraient à des missions dans les campagnes, s'efforçant de procurer l'instruction et le salut aux pauvres gens, et à la direction de l'enseignement des séminaires. C'était à la fois un remède et une digue opposée aux désordres occasionnés par les hérésies et les guerres civiles dont la France fut affligée à la fin du XVIe et au commencement du XVIIe siècle, et dont tout le monde souhaitait la cessation. Ils étaient liés par quatre vœux simples de pauvreté, de chasteté, d'obéissance et de stabilité (1). Ils s'obligèrent à n'exercer aucun ministère dans les grandes villes et à renoncer à tous bénéfices et aux dignités ecclésiastiques. Leurs fonctions s'exerçaient gratuitement. Ils étaient gouvernés par un général qui était perpétuel. Leur habillement était semblable à celui des ecclésiastiques ; il n'était distingué que par un collet de toile, large de quatre doigts. Ils avaient pour armes : NOTRE SEIGNEUR PRÊCHANT.

Les Prêtres de la Mission seront appelés à diriger le séminaire de Béziers, mais pas tout de suite. D'autres ecclésiastiques les précèderont.

(1) *Forme de leurs vœux :* « Ego, N., indignus Congregationis Missionis coram Beatissima Virgine Maria et curia cœlesti universa voveo Deo paupertatem, castitatem et Superiori nostro ejusque successoribus obedientiam juxta instituti nostri regulas seu constitutiones. Voveo prœterea me pauperum rusticanorum saluti toto vitœ tempore in dicta Congregatione vacaturum, ejusdem Dei omnipotentis gratia adjuvante quam ob hoc suppliciter invoco. » (Archives départementales, C. 493.)

Mgr Rotondis de Biscaras venait d'être nommé par le roi à l'évêché de Béziers, ou plutôt transféré de Lodève à Béziers (5 janvier 1671). Cette ville ne possédait pas encore de maison spéciale propre à recevoir les aspirants au sacerdoce, et bonne à favoriser leur vocation. Il y avait bien au collège une classe de théologie où le dogme était enseigné par un P. Jésuite, mais la morale, et surtout la morale appliquée, l'administration des sacrements, les cérémonies, les autres fonctions sacerdotales n'avaient point leur enseignement théorique et pratique. C'était là une lacune regrettable et qu'il ne fallait pas laisser subsister plus longtemps. C'est ce qu'avait compris le nouveau prélat et il prit l'initiative de la fondation d'un séminaire où les jeunes théologiens recevraient une instruction capable d'en faire de dignes ministres du sanctuaire.

Louis XIV, „ toujours prêt à favoriser les moyens d'affermir la religion chrétienne, la discipline ecclésiastique et la véritable piété dans ses Etats „ seconda ses projets par l'octroi de lettres patentes „ lui permettant, pour construire le séminaire et entretenir les ecclésiastiques qui y seront admis, d'imposer annuellement une somme de deux mille livres sur tous les bénéfices de son diocèse, en attendant d'unir au séminaire des bénéfices jusqu'à la valeur de trois mille livres de rente, d'accepter tous legs et toutes donations qu'on pourrait faire a cet établissement et d'acqnerir des biens meubles et immeubles „ (1).

Avant d'avoir choisi un emplacement définitif, Mgr de Biscaras se contenta d'une maison particulière où il logea les prêtres auxquels il confia la direction du séminaire. Après d'incessantes recherches, on ne trouva pas de lieu plus commode que la maison et l'enclos du Verger, situé hors de la ville, appartenant à M. de Gayon, conseiller à la cour des comptes, aides et finances de Montpellier, et qu'on acquit

(1) Arch. dép., B. 379. — Lettres patentes données à Saint-Germain en Laye, en novembre 1672. Copie sur papier.

au prix de sept mille six cents livres. Comme l'acte de vente contient des renseignements fort précis sur la description des lieux, il nous a paru bon de le reproduire en partie :

Ce jourdhuy vingt cinquiesme jour du mois de decembre mil six cens septante cinq, dans Besiers apres midy, Regnant tres chretien prince Louis, par la grace de Dieu Roi de France et de Nauarre, pardeuant moi notaire royal de lad. ville et tesmoins bas nommés feut present en personne Mr Me Pierre de Gayon, sieur du Bousquet, conseiller du Roy en la Cour des comptes, aydes et finances de Montpellier, Lequel de son bon gré a vendu et vend purement et a perpetuité a Messieurs du clergé du diocese de Besiers, stipulant pour icelluy Mrs Mes Jacques de Maussac, prebstre, docteur en sainte theologie, chanoine et grand archidiacre en leglise cathedralle Saint Nazaire de Besiers, vicaire general de Monseigneur l'illustrissime et reuerendissime Messire Armand Jean de Rotondy de Biscarras, conseiller du Roy en ses conseils, euesque et seigneur de Besiers, Pierre Chauchard, aussy prebstre, chanoine et precempteur en lad. eglise cathedrale, André Beaulac, aussy prebstre, chanoine en leglise seculiere et Collegiale Saint Affrodise dud. Besiers, depputté dudit clergé, et Pierre Taudon, prebstre et prebendier en lad. eglise Saint Nazaire, scindic dicelluy clergé, et en suiuant le pouvoir a eux donné par deliberation de lassemblée dud. clergé du treictziesme du present mois, icy presantz et acceptans, scauoir est un enclos fermé de murailles situé hors la ville de Besiers proche la porte des Carmes, consistant en trois corps de logis, lun du costé du vent de cers, appelé le Chateau du Verger, compose dune grande basse cour fermée par des murailles avec un puits a roue et reseruoir, et du costé de la grande entrée a main droitte y ayant trois petits membres bas couuerts a tuile a canal, y ayant une porte dans lad. basse cour pour entrer aud. chateau, dans lequel il ya un petit vestibule, a main droitte une petite basse cour et a gauche une salle basse voultée, une cuisine, garde manger, et une caue, et a costé deux membres, l'un grand et l'autre petit, et un autre qui seruoit de chapelle, et en haut une salle auec deux chambres au bout dicelle, et de lautre costé est le degred ; vis a vis de la porte, il y a un degred a vis de plastre, duquel on entre dans une grande chambre auec un cabinet a costé, et une autre chambre et un passage pour aller aux aisemans, et au dessus le mesme logement outre deux galetas et un cabinet au plus haut des escaliers a vis, le tout composé de deux gros pauillons, oultre le couuert de la salle trois petites tours, une sur le degred, lautre sur le cabinet et lautre sur les aizemans oultre le petit pauillon de la grande entrée, le tout couvert a tuiles a crochet; lautre corps de logis separé d'une partie de jardin fait face du coste dacquillon, appelé le grand logis composé d'une basse cour, logement bas et escuries, logement haut, et au dessus des greniers, deux pigeonniers; Et lautre joignant icelluy appelé le petit logis composé de deux membres bas et une caue, trois membres en haut et trois greniers, au dessus le tout couvert de tuiles a canaux, faisant lesd. deux corps de logis deux pauillons quy auancent dans le jardin d'un bout a lautre auec leurs degreds plastre, sauf celluy du grand logis qui est de pierre de taille, entre lesquels battimens il y a ce grand jardin composé de plusieurs arbres fruictiers, herbes potageres et palissades, et un autre puids a pollie auec un petit bois dormeaux, amandiers et muriers derrière led. chateau qui va jusques au petit logis, le tout, comme dit est, entouré et clos de murailles, contenant lesd. couuertz, suivant le compoix, deux cents une canne, les basse court trente une canne, et le jardin deux cesterées quarante sept destres, confronte led. enclos dacquillon le chemin qui va de Besiers a Pesenas, de terral et marin deux autres chemins, de midy lhiere des Commandeurs auec leurs murailles, veues, entrées, droicts, facultés et aux charges acoutumées, et sur la directe de Mr le Comandeur de Peyrieys de son membre des Brésines de Besiers, ordre de Saint-Jean de Jérusalem, auquel lesd. achepteurs seront tenus de payer le loz de la presente acquisition, incontinent apres le present contrat passé et de fournir copie de la quittance aud. sr vendeur, et oultre ce sobligent de le faire descharger de la promesse qu'il a fait dans linuestiture et recognoissance quil en a fait aud. sr Commandeur de ne les mettre en main morts et ez gens prohibes de droit, et en cas il en seroit recherché, le relleuer tant en principal quen tous despans domages et intherests, et de payer lusaige porté par lesd. recognoissances, leur baillant led. sieur vendeur led. enclos auec toutes ses dependances quittes de tous arrerages de tailles et usaiges de tout le passé jusques a ce jour et cest pour et moyennant le prix et somme de sept mil six cens liures, laquelle somme de sept mille six cens liures a esté presentement payée aud. sieur de Gayon.... (1).

(1) Contrat en huit feuillets et reçu par Me Pierre Armand, notaire dudit Beziers. J'en dois la communication à l'obligeance de M. Hippolyte de Portalon.

A ce séminaire nouvellement fondé il fallait donner une stabilité aussi parfaite que convenable. Il était à craindre que les prêtres qui en avaient eu les premiers la direction, quelque vertueux, quelque capables, quelque zélés qu'ils fussent, ne présentassent pas des garanties suffisantes pour lui assurer cet avantage. L'évêque obtint facilement leur désistement et il tourna les yeux du côté de la Congrégation des Prêtres de la Mission (1).

Ces ecclésiastiques dirigeaient, depuis 1671, le séminaire de Narbonne (2), et le cardinal de Bonsy, archevêque et primat de cette même ville, pressait vivement Mgr de Biscaras de les appeler auprès de lui „ afin que les ecclesiastiques de deux diocèses si voisins pussent recevoir le même esprit, entrer dans les mesmes maximes de conduite et de direction, estans nourris et eslevés dans les mesmes exercices de science et de pietté „ (3).

De si gracieuses instances furent enfin agréées. D'accord avec son clergé, Mgr de Biscaras entra en pourparlers avec messire Edme Jolly, supérieur général de la Congrégation de la Mission (1672-1697), qui désigna messire Julien d'Olivet, supérieur du séminaire de Narbonne, auquel „ il donna pouvoir pour et en son nom accepter pour lad. Congregation de la Mission la conduite et direction perpetuelle tant au spirituel qu'au temporel du seminaire de Beziers „ (4). L'évèque et le clergé firent donation à titre irrévocable aux Prêtres de la Mission de la maison du Verger et ses dépendances, et leur assurèrent une pension de deux mille livres. Le supérieur général promit de fournir cinq prêtres pour la conduite du séminaire et pour les missions du diocèse, et

(1) Déjà ils avaient été établis à Agde du vivant même de saint Vincent de Paul.

(2) Ils y avaient été envoyés par M. Almeras, successeur de saint Vincent de Paul et deuxième supérieur général.

(3) Termes empruntés au préambule du contrat passé le 24 février 1678, entre l'évêque de Béziers, les députés du clergé et les Prêtres de la Mission.

(4) *Ibidem.*

trois frères. Voici les conditions du contrat qui fut dressé à cet effet :

Dans laquelle dite maison du Verger (1) lesd. prebstres de la Congregation de la Mission formeront lesd. ecclésiastique a la vie clericale, leur apprendront les sciences et vertus requises a leur profession, et feront toutes les fonctions en tel cas requises et accoustumées, et ce aux charges et conditions suivantes :

Led. seigneur euesque et led. clergé donnent et font donation entre vifs, irreuocable, a perpetuité, pour le service dud. seminaire aux prebstres de lad. Congregation, lad. maison auec ses appartenances et dependances, dans lestat quelle est, affranchie de lods et quitte des tailles tant du passé que de l'auenir, promettant led. seigneur euesque et clergé la faire descharger enuers la ville, la garantir de tout droit dindemnité, sy aucune y en a.

Led. seigneur et clergé donnent a lad. Congregation pour luzage dud. seminaire les meubles qui sont dans lad. maison exprimés dans linuentaire sur ce fait dont lesd. s[rs] du clergé en ont retiré un double deuement signé quy a esté mis dans les archifs dud. clergé, et lautre a esté retiré par led. s[r] d'Oliuet.

Led. seigneur et lesd. s[rs] du clergé donnent la jouissance de deux mil liures susd. permises destre imposées par lettres patentes de Sa Majesté, lad. imposition consentie, comme dit est, par led. clergé, icelle somme quitte de toutes charges payable aux termes ordinaires des impositions par le receueur du clergé quy sera en exercice.

Led. seigneur euesque et ses successeurs donnent et donneront aux prebstres de lad. Congregation le pouuoir necessaire pour les fonctions dud. seminaire et pour les missions a la campagne.

Led. seigneur euesque et ses successeurs venans a unir aud. seminaire des benefices suiuant lesd. lettres patentes, led. clergé dud. diocese sera deschargé sur et en tant moins de lad. somme de deux mil liures dautant quil reuiendra des benefices unis, toute sorte de charges prealablemens desduites, mesmes celles de l'union desd. benefices.

Le superieur general des prebstres de lad. Congregation et ses suc-

(1) Lorsque M. Gabriel Masson était supérieur, ils achetèrent un champ situé devant la maison pour l'enfermer dans le séminaire, en prolongeant un corps de logis et l'église qui devaient former la cour ; plus une olivette située du côté opposé, pour faire un jardin (12 février 1690). — Arch. départ., C. 500.

cesseurs generaux seront obligés, et tous comme le s[r] d'Oliuet promet, de fournir moyennant lad. somme annuelle de deux mil liures, a moins qu'une union de benefices n'y soit faite jusqu'à concurrence desd. deux mil liures, cinq prebstres et trois fraires pour trauailler incessamment tant pour la conduite dud. seminaire que pour les missions dud. diocese que lesd. prebstres fairont a leurs despans, sans qu'il en puisse rien couster aud. clergé et titulaires, ou et quand bon semblera audit seigneur euesque et ses successeurs ou leurs grands vicaires, sans quils puissent sen dispanser, sinon en cas de maladie ou empeschemens legitimes dont ils fairont apparoir aud. seigneur euesque et ses successeurs.

En cas que led. seigneur euesque et ses successeurs ayent besoing dun plus grand nombre d'ouuriers, soit pour la direction du seminaire soit pour les missions, led. superieur general et ses successeurs seront tenus et obligés den fournir a concurrence de trois cens liures par chaque prebstre.

Tout ce qui sera enseigné et fait dans le seminaire ou a la campagne se fera par lauthoritté et conformement a la volonté dud. seigneur euesque fors et excepté les reglemens de leur institut.

Les prebstres de la Congregation demeurans aud. seminaire pourront accepter et receuoir, conformement aux lettres patentes, toute sorte de legats pies, donations et aumosnes qui seront faictes aud. seminaire en les employant en choses utiles a lad. maison, auquel effet ils fairont apparoir aud. seigneur euesque, a ses successeurs ou grands vicaires, de la destination de lemploy desd. ausmosnes quand elles seront considerables, comme au dessus de cinquante liures, et pour les autres legats, donations et ausmosnes qui seront expressement destinées par les bienfaiteurs pour les battimants ou pour contribuer en tout ou en partie a la pention des pauures seminaristes quy seront par led. seigneur euesque et ses successeurs jugés dignes de ce secours, comme aussy a la nourriture d'autres personnes qui desireront faire retraitte dans led. seminaire, le superieur en rendra compte annuellement par un bref estat aud. seigneur euesque, successeurs ou grands vicaires, faisant voir le nombre de personnes qui auront esté entretenues, a proportion de ce fonds et ausmosnes extraordinaires, en sorte que ce quy se trouueroit rester a la fin de l'année, pour ny auoir eu lieu de lemployer suiuant la destination, led. seigneur sen chargera pour lannée suiuante, promettant led. seigneur euesque et lesd. s[rs] du clerge faire paisiblement jouir ausd. prebstres de la mission sous lestipulation dud. s[r] d'Oliuet lesd. maison, jardin et enclos du Verger cy dessus donnés, le tout suivant et conformement aux pactes et conditions exprimées aud. contrat dacquisition et les meubles exprimés a linuentaire sur ce fait, auquel effet ils sen sont presentement desmis et despoulhiés et en ont inuestis et faits vrays maistres et pocesseurs lesd. prebstres de la mission pour en faire des maintenant a leurs plaisirs et volontés, le tout soubz les reseruations, pactes et conditions cy dessus mentionnés.

Fait et recité dans le palais episcopal de Beziers, etc. — *Signé :* Armand, notaire (1).

Louis XIV approuva ces conventions pour l'établissemet des Prêtres de la Mission par des lettres patentes données à Fontainebleau, au mois de septembre 1678.

..... Et de notre certaine science, grace speciale, pleine puissance et autorité royale, Nous avons agréé, approuvé, ratifié et confirmé, et par ces presentes signées de nostre main agreons approuvons et confirmons led. etablissement desd. Prestres de la Congregation de la Mission, pour avoir la direction à perpetuité dud. seminaire de Beziers sous l'autorité desd. sieur euesque et de ses successeurs, et aux charges, clauses et conditions portées par led. contrat d'etablissement que nous voulons estre executées selon sa forme et teneur, et que lesd. deux mil livres de rente imposées sur led. clergé soient levées et payées a celuy desd. prestres qui aura la direction dud. seminaire sur sa simple quittance suivant et conformement a nosd. lettres patentes que nous voulons estre executées au profit desd. prestres de lad. Congregation qui ont et auront la direction dud. seminaire, selon sa forme et teneur.... (2).

Le commencement de l'union des bénéfices promis ne se fit pas longtemps attendre. Le prieuré de Saint-Bausile des Fourches du lieu de Lieuran-Cabrières étant devenu vacant par la mort de Me Antoine Ratier, son titulaire, Mgr de Biscaras l'incorpora au séminaire par un décret du 4 octobre 1681 (3).

(1) Ce contrat est conservé dans les archives d'une famille qui a bien voulu le mettre à ma disposition.

(2) Archives départementales, B. 383. Copie sur papier.

(3) Préambule des lettres patentes du 4 novembre 1768.

De plus, les Prêtres de la Mission du séminaire furent appelés, et voici comment, à participer à une faveur royale. Les guerres soutenues par Louis XIV avaient coûté beaucoup d'argent à la France et l'épuisement de ses ressources risquait d'être activé par la nouvelle guerre de la Succession d'Angleterre. Pour augmenter ses revenus et subvenir aux besoins des armées, le roi publia, le 8 juillet 1689, une déclaration prescrivant de procéder „ à la liquidation et taxe des droits d'amortissement (1) et nouveaux acquests „ dus à la couronne par les ecclésiastiques, moines, communautés religieuses et autres gens de main-morte. Le séminaire se trouva compris dans l'état de recouvrement arrêté au Conseil d'Etat, le 27 décembre 1692, pour une somme de sept cent quatre-vingt-six livres, quatre sols, onze deniers, à laquelle avait été réduite celle de huit cent quatre-vingt-dix-huit livres, treize sols, quatre deniers, due pour des acquisitions d'immeubles nouvellement faites. Sur les remontrances qui lui furent adressées, le roi accorda aux Prêtres du séminaire les lettres d'amortissement nécessaires pour garantir leurs droits et les soustraire à toute importunité :

Voulant favorablement traiter lesd. exposans, de l'avis de notre Conseil, et de notre grace specialle, pleine puissance et autorité royales, Nous avons, par ces presentes signées de notre main, permis et permettons auxdits exposans et a ceux qui leur succederont audit seminaire de tenir, avoir et posseder en toutte liberté et a titre de propriete incommutable lesdits biens, lesquels nous avons des maintenant et a toujours amortis et amortissons par les presentes, sans que lesdits exposans puissent estre contraints de vuider leurs mains, nous bailler homme vivant et mouvant, ni de nous paier a cause de ce et a nos successeurs Roys aucune autre finance pour quelque cause et quelque pretexte que ce soit dont, et en tant que besoin est ou seroit, nous les avons affranchis, quittés et dechargés, affranchissons, quittons et deschargeons par ces

(1) On appelait *Amortissement* le droit de posséder des biens accordé aux églises et communautés religieuses.

presentes, et en cas de remboursement desd. rentes nous voulons que les deniers soient remplacez en achapt d'autres rentes ou fonds dheritages qui seront et demureront pareillement amortis en vertu des presentes sans payer aucune autre finance dont nous les avons quittez et dechargez sans prejudice touttesfois aux droits appartenans aux seigneurs particuliers si aucuns sont dus a cause des susdits biens et de ceux qui pourroient nous estre dus pour autres biens que ceux contenus en ces dites presentes. Sy donnons en mandement.....

Donné à Versailles au mois d'août l'an de grace mil six cens quatre vingt quatorze et de nostre regne le cinquante deuxieme. — *Signé :* Louis (1).

Tout concourait donc à la prospérité et à la consolidation d'un sanctuaire consacré aux études théologiques et morales. Dans cette maison, les jeunes ecclésiastiques étaient formés à la pratique des vertus propres à leur état et servaient de canal à leurs maîtres pour étendre au loin leur réputation de piété, de science et de vertu. Leur influence pénétrait de la sorte dans les rangs du clergé et servait à le régénérer. L'évêque voyait avec consolation le grand bien que le séminaire répandait dans son diocèse. On reconnut bientôt que cinq prêtres ne suffisaient pas pour la direction de l'établissement; trois étaient destinés à faire des missions dans les campagnes et les deux qui restaient ne pouvaient que très difficilement suffire à leur tâche. D'ailleurs, dans tous les séminaires confiés à la direction des Prêtres de la Mission, il se trouvait pour le moins trois sujets. Persuadé que ses ecclésiastiques recueilleraient plus de profit lorsqu'ils auraient plus de directeurs appliqués à les bien former dans la piété et dans les fonctions sacerdotales, Mgr Charles des Alris de Rousset céda et affecta à l'entretien d'un sixième prêtre missionnaire le prieuré, déjà incorporé par son prédécesseur, de Saint-Bausile des Fourches, dit Lieuran-Cabrières, par un acte du 23 juin 1704, passé au château de Lignan, devant Me Hérail, notaire à Béziers,

(1) Archives départementales, B. 399.

avec Me Couty, supérieur de la Mission, de Béziers, et approuvé par messire François Watel, supérieur général de la Congrégation des Prêtres de la Mission (1).

Cela se fit sans diminution des deux mille livres imposées sur le clergé et sans que les missionnaires fussent obligés de rendre compte des revenus du prieuré, mais aux charges de payer la pension congrue au vicaire perpétuel et de fournir le nécessaire pour les offices divins.

Plusieurs prieurés furent successivement unis par le même évêque au séminaire : Le 13 juin 1705, celui de Notre-Dame de Vinas et de Saint-Pierre de Rouvignac, près d'Avène (2), qu'avait résigné entre ses mains Me Jacques Jean Chinion, son titulaire ; le 30 septembre 1711, celui de Lespignan, résigné par Me Jean-François Médaille de l'ordre de Saint-Augustin de la Congrégation de Saint-Ruf; le 18 janvier 1721, celui de Saint-Sauveur du Puy, au bourg de Graissesac (3), et de Sainte-Marie de Camplong, dont se démit Me Jacques Poisson, abbé fiduciaire de Notre-Dame d'Ebreuil, au diocèse de Clermont ; le 20 novembre 1728, celui de Saint-Adrien, près Servian (4), que résigna Me François de Mariote, chanoine de Saint-Etienne, de Toulouse (5).

La chambre ecclésiastique de Béziers continua de payer aux directeurs du séminaire la pension convenue de deux mille livres et elle perçut le revenu des bénéfices annexés. Un document conservé dans les archives départementales (6) nous permet d'établir quel était à ce moment l'état des revenus et des charges de cette maison dont le personnel comprenait six prêtres et trois frères laïques. Ses revenus consistaient en deux mille trois cents livres payables

(1) Archives de la maison mère de la Congrégation de la Mission. Sommaire des fondations de la Congrégation.

(2) Canton du Caylar, arrondissement de Lodève.

(3) Commune du canton de Bédarieux, arrondissement de Béziers.

(4) Canton de l'arrondissement de Béziers.

(5) Préambule des lettres patentes du 4 novembre 1768.

(6) C. 493.

par le clergé du diocèse de Béziers; cent cinquante livres des terres de Combegrasse; cinq cents livres pour les pauvres clercs du séminaire, payables par la maison de ville de Paris, d'un capital de vingt mille livres. Les charges se décomposaient ainsi: Cent livres pour la subvention; trois cents livres pour l'entretien de la maison; cent cinquante livres pour rentes foncières, censives, indemnités; quatre-vingt-dix livres pour tailles; trois cent soixante livres pour voyages; cent livres pour gages d'un domestique; soixante livres pour honoraires du médecin et du chirurgien; deux cents livres pour l'entretien de la sacristie. Cet état de choses dura jusqu'en 1747. A cette époque, le supérieur déclara à Mgr. Joseph Bruno de Bausset de Roquefort (1), évêque et seigneur de Béziers, qu'avec la pension qu'on lui faisait, il ne pouvait pas suffire aux dépenses de la maison, à l'entretien des ornements du culte et aux réparations des bâtiments, et il exprima le désir de prendre à sa main les cinq bénéfices inféodés avec les charges dont ils étaient grevés depuis l'origine.

Tout le monde rendait hommage au zèle des Prêtres de la Mission et à leur régularité pour former de bons prêtres. Une offre semblable ne renfermait rien de contraire aux intérêts du clergé, et on ne devait pas hésiter à l'accepter. Une réunion des représentants du clergé du diocèse de

(1) Ce prélat fut autorisé par lettres patentes du roi, du mois de février 1769, à faire dans sa ville l'établissement d'un petit séminaire pour l'instruction des sujets qui se destineraient à l'état ecclésiastique. Un précédent brevet royal, du 10 janvier 1701, lui permettait de procéder à la suppression et extinction du chapitre séculier et abbatial de Saint-Pierre de Joncels « pour les revenus de la mense capitulaire être unis au petit séminaire et former sa dotation ». Ce petit séminaire devait être placé dans une portion des bâtiments mêmes du collège royal. Un *registre du secrétariat de l'évêché de Béziers*, que M. Louis Bonnet, trésorier de la Société Archéologique, a bien voulu me communiquer avec son obligeance habituelle, contient le décret d'érection d'un petit séminaire, portant suppression et extinction du chapitre de Joncels et réunion de ses revenus à la dite maison, avec le règlement et des lettres de supérieur du petit seminaire, pages 336-341. Mais cette création ne se réalisa pas, on ne sait pour quelle cause.

Béziers se tint le 3 mai 1747, au séminaire, dans l'appartement même de l'évêque. Les députés présents étaient : MM. Etienne de Boussanelle, archidiacre de Cabrières et de l'église cathédrale de Saint-Nazaire ; Jean Barthélémi, chanoine de l'église collégiale de Saint-Aphrodise ; François de Barrés, grand archidiacre ; Etienne Firban, archiprêtre de Cazouls, et Jacques Robert de Barbier, chanoine succenteur de l'église cathédrale.

Non seulement il fut délibéré que les directeurs jouiraient des prieurés de Lieuran, de Lespignan, de Graissesac et Camplong, de Rouvignac et Vinas, de Saint-Adrien unis au séminaire, qu'ils en percevraient les revenus et en acquitteraient les charges, mais encore qu'au moyen de la cession qui leur en était faite, la pension de deux mille livres serait réduite à la somme de cinq cents livres et continuerait de leur être payée, jusqu'à ce qu'elle pût être éteinte ou diminuée par l'union de nouveaux bénéfices, que l'évêque était disposé à faire, parce que les prieurés ne rendaient guère plus que la somme de deux mille livres.

L'annexion de ces cinq bénéfices n'avait pas été approuvée par des lettres royales, et un dévolutaire obtint en cour de Rome un des bénéfices unis pour lequel les directeurs du séminaire intentèrent un procès où ils succombèrent. Ils eurent recours au roi qui mit leurs prérogatives à l'abri de toute contestation par des lettres patentes dont voici la partie essentielle :

..... Voulant favorablement traiter les exposants, nous avons approuvé et confirmé, et par ces présentes approuvons et confirmons lesdits decrets d'union des cinq bénéfices au seminaire.

..... Voulons et nous plaist qu'ils soient exécutés selon leur forme et teneur, en consequence que les fruits et revenus desd. benefices soient unis et incorporés a perpetuité aud. seminaire de Beziers aux charges, clauses et conditions portées aux décrets pourvu qu'en iceulx il n'y ait rien de contraire aux saints décrets, franchises et libertés de l'Eglise gallicane. Si donnons, etc.

Donné à Fontainebleau, le 4e jour de novembre l'an de grace 1768 et de notre règne le 54e. — *Signé :* Louis (1).

Le séminaire rendait des services et son établissement répondait à un besoin public. Aussi fut-il de bonne heure l'objet de plusieurs libéralités.

Messire Jean de Maussac, ancien grand archidiacre de l'église cathédrale de Saint-Nazaire, voulant contribuer de ce qu'il pourrait à l'institution et à l'érection du séminaire, lui fit donation, par son testament du 26 novembre 1676, de la somme de trois mille livres et de sa bibliothèque avec une grande Bible „ un des principaux ornements d'icelle „. „ J'entends et je veux, dit un autre article du testament, que mes heritiers emploient tous les ans la somme de cent cinquante livres provenant de la somme de deux mille livres qui me sont deubz par le chappitre et monastere de Saint-Benoict, de Saint-Chinian, et de mille livres qui me sont deubz par les chanoines reguliers de l'abbaye de Saint-Jacques dud. Beziers, pour l'entretenement d'un ecclesiastique pauure dans le seminaire de lad. ville lesquels ils choisiront d'une des qualitez les plus propres a reussir dans le ministere et de se rendre utilles a lesglise, et en cas mes heritiers negligeroint de faire lad. nomination, je supplie Monseigneur l'Euesque de Beziers ou son vicaire general, en son absence, de pouruoir a lad. nomination, pour ne pas priuer lesglise du profit et utilité quy luy peut reuenir de léducation et instruction de plusieurs bons subjectz. „

Guillaume Brés, greffier en la justice ordinaire, et habitant du lieu de Murviel, comprit aussi le séminaire de Béziers dans la répartition de ses biens patrimoniaux. „ Je donne et lègue, dit une clause de son testament du 18 avril 1693, au seminaire de Beziers, l'olivette que j'ay au terroir dud. Murviel, dit a la Verge de Gauch, que le superieur du

(1) Archives privées. Parchemin, longueur 0m40, hauteur 0m02 ; large sceau en cire verte et rouge.

seminaire pourra vendre, et placer l'argent a rente constituée pour estre employée preferablement aux necessités des enfants natifs dud. Murviel qui feront leurs exercices dans led. seminaire et jugés propres pour l'église ; et s'il n'y en avait pas qui eussent les qualitez et vertus pour estre ecclesiastiques, led. sieur Superieur emploieroit lad. rente a ceux qu'il jugera les plus propres, quoiqu'ils ne soient pas natifs dud. Murviel, voulant qu'en cela il ne cherche que la plus grande gloire de Dieu, chargeant sa conscience s'il en agit autrement, et s'il y a aucuns respects humains. Je prie instamment les missionnaires dud. seminaire de se souuenir de moy dans leurs prieres et sacrifices.

„ Apres la mort de ma femme, j'entends que tous mes biens appartiennent a la Confrerie de la Charité dud. Murviel, fondée aud. lieu par les missionnaires du seminaire de Beziers, de l'ordre de Mgr led. evesque de Beziers. „

Messire Pierre de Gourgas, prieur de Saint-Pierre-le-Vieux de l'église cathédrale de Béziers, donna aux Prêtres de la Mission du séminaire, par acte du 10 mai 1696, plusieurs pièces de terre comprenant un champ, un pré et un bois voisins de la métairie de l'abbaye de Saint-Jacques, au tènement de Combegrasse que côtoie le chemin de Béziers à Sérignan. Le bois longeait la rivière d'Orb et le séminaire en retirait ce qui était nécessaire pour les usages domestiques. Un maître particulier des eaux-et-forêts, ayant trouvé que l'exploitation ne se faisait pas conformément aux ordonnances portées en faveur de son administration, voulut établir un quart de réserve ; ce qui était préjudiciable à la maison. Les directeurs firent porter leurs réclamations devant le roi, et le Conseil d'Etat rendit, le 12 août 1738, un arrêt par lequel une exception à l'ordonnance précitée était faite en leur faveur (1).

Mgr de Rotondy de Biscaras légua au séminaire, par son

(1) Archives privées. Arrêt sur parchemin.

testament du 18 juin 1696, une somme de deux mille livres dont les intérêts devaient être affectés à l'entretien de cinq pensionnaires propres à recevoir les ordres.

Messire Jean-Louis de Murviel, abbé commendataire de l'abbaye de Saint-Jacques, avait légué, par son testament du 19 septembre 1705, aux directeurs du séminaire une somme de trois cents livres de rente à la charge par eux d'établir en augmentation un prêtre de leur Congrégation, sans diminution de ceux qui s'y trouvaient déjà établis. Par suite d'un accord conclu avec messire Jean-Baptiste Farjat, supérieur de la maison, le marquis François-Emmanuel de Murviel, baron des Etats et lieutenant du roi en la province de Languedoc, son frère, convint de payer une somme complète de quatre mille livres. Il y eut une transaction du 20 juillet 1715. Le clergé s'obligea de fournir à perpétuité ce qui manquait des quatre mille livres pour la pension de ce sixième prêtre fixée à trois cents livres, et à payer par avance, de six mois en six mois, les deux mille livres portées par l'acte d'établissement, pour l'entretien des missionnaires, à condition que le revenu de tous les bénéfices unis audit séminaire serait pour le séminaire même, et que les missionnaires en rendraient compte tous les ans, même de celui de Lieuran Cabrières. Il fut convenu aussi que les missionnaires ne seraient comptables que des dons faits au séminaire, et qu'ils seraient maîtres absolus de ceux qui leur seraient faits. Ce qui fut ratifié, le 12 mai 1716, par Me Jean Bonnet, supérieur général de la Mission.

Les donations se multipliaient. „ Bien informé et pleinement instruit des grands biens que faisaient les Prêtres de la Congrégation de la Mission dans tous les diocèses où ils sont établis, tant par les missions qu'ils font aux peuples de la campagne, par les accommodemens et aumosnes qu'ils y procurent, que par leur zele a eleuer dans leurs seminaires les jeunes ecclesiastiques dans la science et la pieté, les disposer aux saints ordres, a faire des retraites annuelles tant a Messieurs les Ecclesiastiques qu'aux seculiers qui se presentent pour cela ; desirant auoir part a tous ces biens spirituels, pour la gloire de Dieu et le bien de son âme, croyant ne pouuoir mieux faire pour les y engager que de leur faire part des biens que la bonté de Dieu luy auoit desparty, noble Bernard Duprat, ecuyer, habitant de la ville de Toulouse, donna par acte du 30 octobre 1719, reçu par Mᵉ Pratviel ainé, notaire de la même ville, sans aucune charge, aux Prêtres de la Congrégation de la Mission tous les biens nobles dont il jouissoit et qu'il possedoit dans le terroir du lieu de Villeneuue, dit la Cremade, pour en jouir et en disposer a leurs volontés et bon plaisir, en quoi que lesdits biens pussent consister, priant seulement et demandant par pure grace auxdits Prêtres de se souuenir de luy et de ses parens dans leurs prieres..... „ Le don de ces pièces de terre arriva à point, car elles s'ajoutèrent à celles que les Prêtres de la Mission possédaient déjà dans le territoire voisin de Cers et de Portiragnes.

Messire Pierre Laffon, chanoine succenteur de l'église cathédrale de Béziers, remit, le 13 mai 1724, à messire Bernard, supérieur du séminaire, de la part de Mᵉ Lasaubertaries, prieur de Tressan, la somme de mille livres, pour les intérêts être employés au secours d'un des ecclésiastiques pauvres qui y sont reçus.

Mᵉ Barthélemy Delmas, prêtre de la paroisse de Villeneuve, affecta au séminaire de Béziers, par un acte du 21 avril 1744, une somme de douze cents livres pour que trois prêtres de la Congrégation de la Mission vinssent, de dix en dix ans, donner une mission dans cette paroisse de Villeneuve et celle de Sauvian, et il traita à ce sujet avec le supérieur messire Jean-Joseph Ségur. Cette somme placée sur la province de Languedoc produisit un intérêt annuel de soixante livres.

Par son testament du 24 juin 1762, messire Jean-François Armand, supérieur de la Congrégation de la Mission de

Fontenay-le-Comte, donna à la maison de Béziers une somme de trois cents livres provenant de trois années d'arrérages d'une rente viagère constituée à son profit sur l'Hôpital Général de Béziers (1).

Les bâtiments affectés au séminaire des Prêtres de la Congrégation de la Mission formaient trois corps, un au milieu, avec deux ailes dont l'une contenait seule l'église. Le sol était à peu près de trois cents toises carrées (2). Ce sont aujourd'hui les salles de l'Hôtel-Dieu où l'on soigne les malades civils et militaires.

Le séminaire de Béziers formait la 42e maison et dépendait de la province de Lyon. Il a duré un peu plus de cent ans. Il est regrettable que l'absence de documents nous empêche de parler de la vie intérieure, du résultat et du nombre des missions, où les Lazaristes avaient soin d'établir la confrérie des Dames de la Charité, comme nous l'avons vu à Murviel, et comme l'atteste le testament précité de Guillaume Brès. Nous pouvons mentionner une mission de M. Farjat à Paulhan ; et voici ce qu'on lit dans le registre des Pénitents de cette paroisse. „ Le 6e avril 1706, feste de Pasques, la Compagnie a esté en procession au lieu d'Aspiran, par ordre de M. Farjat, directeur de la mission. „

Nous nous félicitons de pouvoir donner quelques détails sur les supérieurs qui ont gouverné cette maison, et dont voici la liste :

M. TOUSSAINT LE BAS, 1678.

Né le 1er novembre 1625, à Josselin, diocèse de Saint-Malo; reçu à Richelieu, en 1653 ; ordonné la veille de la Trinité 1652; fait les vœux en février 1656, présent M. Barthe, Agde.

(1) Toutes ces donations sont indiquées dans une liasse de testaments déposés aux archives de l'Hôtel-Dieu.

(2) Document du 6 juin 1792.

M. RAOULT CLOUET, 1679.

Né à Saint-Méen, diocèse de Saint-Malo; entra au séminaire à Paris, âgé d'environ 27 ans ; fait les vœux en la maison de Marseille, présent M. Parisy, supérieur.

M. ANDRÉ GALLIEN, 1688.

Né en la paroisse de Vacheresse, diocèse de Genève, 3 octobre 1648; reçu à Paris, 27 décembre 1675 ; y a fait ses vœux, 28 décembre 1677, en présence de M. Savoye.

M. CHARLES LE CLERC, 1689.

Né à Gisors, diocèse de Rouen ; entré au séminaire à Paris, 5 septembre 1666, âgé de 30 ans ; fait ses vœux en la maison d'Amiens, octobre 1668, présent M. Gabriel Laudin.

M. LOUIS-GABRIEL MASSON, 1689.

Né à Ville-la-Grand. diocèse de Genève, février 1646; entré au séminaire à Paris, en août 1670 ; y fait ses vœux le 30 août 1672, présent M. Luchet.

M. BARTHÉLEMY POMIERS, 1698.

Né à Moissac, diocèse de Cahors, septembre 1652 ; reçu au séminaire, 24 mai 1679; fait les vœux en la maison de Narbonne. 25 mai 1681, présent M. d'Olivet.

M. JEAN COUTY, minor, 1704.

(Ne pas confondre avec Jean Couty qui fut supérieur général.)

Né à Saint-Symphorien-de-Lay, diocèse de Lyon, 1665 ; reçu au séminaire à Lyon, 11 novembre 1686; fait les vœux, 12 novembre 1688, présent M. de Bethancourt.

M. MATHURIN REVAULT, 1705.

Né à Saint-Thomas-de-l'Isle, diocèse de Saint-Malo, 1659; reçu au séminaire de Paris 24 octobre 1680 ; fait les vœux, 25 octobre 1682, présent M. Bessière.

M. FARJAT, 1715.

Né à Lyon, octobre 1670; reçu au séminaire à Lyon, 5 août 1688, y fait les vœux, 6 août 1690, présent M. de Bethancourt.

M. FILLON, 1730.

Né à Mornant, diocèse de Lyon, mai 1694; reçu au séminaire de Lyon, 1712; fait les vœux, 19 février 1715, présent M. Naprout.

M. BENOIT BERNARD, 1731.

Né à Saint-Prix-la-Roche, diocèse de Lyon, 1665; reçu au séminaire de Lyon, septembre 1687; y fait les vœux, 3 mai 1690, présent M. de Bethancourt.

M. JEAN-JOSEPH SEGUR, 1739.

Né à Caussade, diocèse de Cahors, septembre 1694; reçu au séminaire de Cahors, 25 janvier 1714; y fait les vœux, 27 avril 1716, présent M. Monier; mort à Béziers, le 7 janvier 1776.

M. JEAN-BAPTISTE CHARCUN, 1765-1790.

Né à Château-Bolard, en Dauphiné, diocèse de Turin, 20 juillet 1712; reçu au séminaire de Lyon, 10 janvier 1737; fait les vœux à Annecy, 27 janvier 1739, présent M. Jeanjean (1).

Ce dernier a laissé un très bon souvenir dans l'esprit des vétérans du sacerdoce de Béziers, où l'on aime encore à prononcer son nom.

Citons quelques prêtres qui, par leur talent et leur vertu, ne méritent pas d'être oubliés :

MM. Bertholon et Charcun signèrent une pétition au directoire du district de Béziers, en 1791, pour défendre les

(1) Archives de la maison-mère. Communication de M. l'abbé L.-A. Gobaud, prêtre de la Mission, directeur du grand séminaire d'Albi.

intérêts de leur établissement, et obtinrent justice. Trois frères Jacob (André, Pierre-Marie, André-Marie), originaires de Béziers, ont eu une haute situation dans la Congrégation. M. Serre, après avoir confessé la foi à Paulhan, dont il était devenu prieur, y mourut en odeur de sainteté, le 7 novembre 1801.

Le Chapitre de l'église collégiale de Saint-Aphrodise

Nous ne nous attarderons pas à établir l'origine de l'église abbatiale de Saint-Aphrodise. Elle est très ancienne, comme le témoigne une crypte conservée à l'intérieur. Ses archives furent deux fois détruites, en 1533 et en 1562, et on ne peut que répéter pour le commencement ce que disent les frères Sainte Marthe et les auteurs de la *Gallia christiana*.

Le sceau du chapitre portait l'image de saint Pierre et de saint Aphrodise, parce que l'église fut d'abord placée sous l'invocation du premier, et ensuite de l'un et de l'autre saint.

Ses armes étaient d'argent à une croix pattée au pied fiché de gueules.

Elle fut cathédrale jusqu'au VIIIe siècle. A cette époque, comme elle était bâtie hors des murs, elle fut ruinée par les Sarrasins ou Charles Martel. Le siège épiscopal fut alors transféré à Saint-Nazaire, et l'antique demeure des évêques de Béziers, contiguë à l'église, fut convertie en abbaye, qui d'abord régulière, fut sécularisée dans le cours du XIIe siècle. Presque ruinée, elle fut restaurée entre la fin du IXe et le commencement du Xe siècle par le vicomte de Béziers. Elle était de l'ordre de Saint-Benoît. Elle se composait, outre l'abbé, de treize chanoines dont trois dignitaires, le précenteur, le sacristain et le sous-chantre, et de dix-neuf bénéficiers pour le service du chœur et de l'autel.

L'abbé était seigneur temporel dans son bourg et y exerçait la justice civile et criminelle. Il nommait à cet effet un juge et un viguier. En entrant en fonctions. il prenait certains engagements décrits ainsi qu'il suit :

Ego.... abbas secularis et collegiate ecclesie Sancti Affrodisii Biterensis, ab hac hora in antea, fidelis et obediens ero Beato Petro sancteque apostolice romane ecclesie et domino nostro pape..... suisque successoribus canonice intrantibus.

Non ero in consilio consensu, tractatu vel facto ut vitam aut membrum perdat, seu quod contra alicujus eorum personam, vel in ipsorum, aut ecclesie ejusdem, sive sedis apostolice auctoritatis, honoris, privilegiorum, jurium, vel apostolicorum statutorum, ordinationum, reservationum, dispositionum et mandatorum derogationem vel prejudicium, machinationes aut conspirationes fiant. Et si, ac quotiens, aliquod horum tractari scivero, id pro posse ne fiat impediam, et quantocius commode potero, eidem domino nostro vel alteri per quem ad ipsius notitiam pervenire possit significabo consilium.

Vero quod mihi per se, aut nuncios, seu litteras credituri sunt, ad eorum damnum, me sciente, nemini pandam ; ad retinendum et defendendum papatum romanum et regalia sancti Petri contra omnem hominem adjutor eis ero. Auctoritatem, honorem, privilegia et jura, quantum in me fuerit potestatis, adaugere et promovere, statuta, ordinationes, reservationes, dispositiones et mandata observare ac eis intendere curabo.

Legatos sedis ejusdem honorifice tractabo et in suis necessitatibus adjuvabo. Hereticos, schismaticos et qui alicui ex domino nostro successoribusque predictis rebelles fuerint pro viribus persequar et impugnabo.

Possessiones vero ad abbatiam meam pertinentes non vendam, neque donabo, neque impignorabo, neque de novo infeodabo, vel aliquo modo alienabo, etiam cum consensu capituli dicte ecclesie, inconsulto Romano pontifice. Sic me Deus adjuvet et hec sancta Dei evangelia (1).

En 1260, fut renouvelée, entre Raimond Ier de Sérignan, abbé de Saint-Aphrodise, et Guiraud, abbé de Saint-Paul, la fraternité si ancienne, que les traces de son origine se perdent dans les temps, des églises de Saint-Aphrodise de Béziers et de Saint-Paul de Narbonne (2). Cet usage existe encore de notre temps. Le jour de Saint-Aphrodise (3) (28 avril) le clergé de Saint-Paul est invité à officier à Béziers, et celui de Saint-Aphrodise se rend à Narbonne pour la fête de Saint-Paul Serge, le 22 mars.

En 1263, l'élection de Pierre III de Vésian devint la cause d'un grave différend entre Pons de Saint-Just, évêque de Béziers, et les chanoines qui, durant la vacance, ne voulaient pas laisser le gouvernement de l'abbaye à l'évêque jusqu'à l'élection du nouvel abbé, selon l'arrangement fait en 1175. Les chanoines avaient élu comme abbé Pierre de Vésian, sacristain de Saint-Aphrodise, sans prévenir l'évêque qui les excommunia (5 juillet 1263), et il fallut l'intervention de Gui, cardinal, évêque de Sabine, légat du pape, pour apaiser et concilier les esprits (4).

En 1346, l'abbé André de Frédol donna à ses chanoines un règlement pour raffermir la discipline et réprimer des abus naissants.

Par acte du dernier novembre 1364, les consuls de Béziers abandonnèrent à Bernard de Mandagout, abbé de

(1) Copie sur parchemin extraite des archives de l'abbaye où se trouvent plusieurs lettres adressées par le chapitre, durant la vacance du siège, à tous ceux qui devaient assister à l'élection de l'abbé.

(2) *Gallia Christiana*, t. 6, p. 384 et suiv. (édition de 1739).

(3) Les papes Alexandre III (1159), Innocent XI (1682) et Innocent XII (1691) accordèrent des indulgences aux fidèles qui visiteraient l'église de Saint-Aphrodise le jour de la fête aux conditions indiquées dans leurs bulles.

(4) *Ibidem*.

Saint-Aphrodise, cent six florins d'or des deux cent trente et un que le dit abbé, le prieur de Cassan, les chapitres de Saint-Nazaire et de Saint-Aphrodise restaient devoir aux dits consuls de trois mille deux cents florins qu'ils leur avaient promis, en vertu d'une transaction passée entre eux, pour la réparation des murailles, fossés et autres lieux de fortification de la dite ville (1).

L'abbé de Saint-Aphrodise, comme celui de Saint-Jacques, était soumis à la juridiction de l'évêque de Béziers et lui rendait hommage au jour de son avènement, nu-tête, les mains jointes et à genoux.

La cérémonie à laquelle donna lieu l'élection de Girard de la Bricoigne (18 avril 1429) est rapportée dans le document suivant :

Apud Castrum de Linhano prope Biterris personaliter constituto videlicet Girardo de la Bricoigne, Dei gratia, abbate abbatiœ ecclesiœ collegiatœ sancti Affrodisii Biterrensis, prœnominatus dominus episcopus requisivit et in Domino exhortatus est dictum dominum Girardum abbatem prœnominatum quatinus recognitionem cum juramento fidelitatis sibi faceret, tanquam episcopo Biterrensi, et homagium sibi prœstaret, flexis genibus, et capucio ac zona depositis, prout et quemadmodum per prœdecessores suos abbates dictœ abbatiœ antecessoribus ipsius domini episcopi episcopis Biterris est fieri consuetum, intimando sibi abbati prœdicto quod nisi dictam recognitionem cum juramento fidelitatis fecerit et homagium prœstiterit, ut est moris, ipse procedet contra ipsum prout fuerit juris et rationis. Et dictus dominus abbas, tanquam filius obedienciœ certifficatus ad plenum, ut dixit, et instructus de jure suo, et dictœ suœ abbatiœ ibidem et incontinenti coram eodem domino, more majorum sedens depositis et adpartem positis suis capucio et zona, flexis genibus, et ambabus manibus suis junctis positis inter manus dicti domini Episcopi, confessus fuit et in veritate recognovit, recognitionemque fecit, et juramentum fidelitatis, ac homagium seu hominiscum prœstitit prœfato domino episcopo prœsenti, et pro se et suis successori-

(1) Archives de Saint-Aphrodise.

bus episcopis ecclesiœ biterrensis, canonice intrantibus solemniter stipulanti et recipienti, per modum qui sequitur et prout sequitur in hœc verba :

Ego, Girardus de la Bricoigne, Dei gratia, abbas ecclesiœ secularis et collegiatœ sancti Affrodisii Biterrensis, confiteor et in veritate recognosco vobis reverendo in Christo patri domino domino G., miseratione divina biterrensi episcopo, ibidem prœsenti, quod vos estis verus dominus meus et dominus immediatus, Egoque sum vester vassallus, sumque et esse volo, et semper ero vester homo immediate subdictus bonus, legalis, et fidelis, et vestrœ ecclesiœ biterrensi, vobis vestrisque futuris successoribus personam, honorem, statum et jura vestra, et ecclesiœ vestrœ prœdictœ totis viribus conservabo, et si quid in contrarium machinari, seu fieri cognovero, sensivero *(sic)* aut scivero illud toto posse meo impediam quod non fiat, et si impedire non potuero quam citius potero vobis vel vicario vestro generali vel alteri personœ per quam possit ad vestram notitiam devenire revelabo, et si aliquid per vos mihi in consilium aut secreto revelatum fuerit dictum seu manifestatum nemini pandam seu reserabo cui non debeam revelare, utilia et commoda vestra et ecclesiœ vestrœ biterrensi toto posse procurabo et inutilia pro viribus evitabo, omniaque alia universa et singula faciam quœ ad fidelitatis juramentum pertinent, si Deus me adjuvet, et hœc sancta quatuor Dei evangelia a me corporaliter gratis tacta hominiscumque sive homagium vobis prœsto et facio more solito, recepto ab ore vestro osculo pacis (1).

En 1509, Arnaud de Capus donna à son chapitre le domaine de La Fourcade, situé entre Capestang et Ramejan, aujourd'hui commune de Maureilhan.

Avant 1562, les chanoines de Saint-Aphrodise avaient pour costume d'hiver un capuchon appelé *domino*, un manteau couvrant tout le corps et sur le manteau un autre vêtement en satin cramoisi. Vers cette époque, réduits à la plus grande pauvreté par les ravages des calvinistes, ils obtinrent de Rome de n'avoir d'autre costume en toute saison que le surplis et l'aumusse qu'ils ont toujours gardés jusqu'à leur suppression (2).

(1) Archives de l'évêché de Béziers.

(2) *Semaine religieuse de Montpellier*, 15e année, No 26.

Une bulle du pape Innocent X, du 22 mai 1651, permit à Jean IV de Pierre, abbé de l'église collégiale de Saint-Aphrodise, et à ses successeurs, de porter la mitre, le bâton pastoral, l'anneau, la croix pectorale, le rochet, les sandales, les gants et autres ornements pontificaux (1), privilège qui lui était contesté par l'évêque depuis que les titres et documents de l'abbaye avaient été brûlés (1562) par les religionnaires, qui mirent en pièces la châsse de l'évêque saint Guiraud, dispersèrent ses reliques et celles de saint Aphrodise.

Dans des temps de calamité publique ou de sécheresse, la foi de nos pères avait recours à la puissante intervention de saint Aphrodise, premier évêque, apôtre et patron de la ville. On ne lui avait jamais adressé des vœux dans les circonstances malheureuses qu'on n'eût eu la consolation de les voir accomplis presque dans le même temps qu'ils étaient formés.

Il paraissait essentiel de maintenir un usage également pieux et intéressant pour la ville. Au mois d'avril 1765, les biens de la terre périssaient par manque de pluie. Pour détourner les maux dont les populations étaient menacées, le maire, le lieutenant de maire et les consuls se proposèrent de faire selon l'usage un vœu à saint Aphrodise afin que, par son intercession et au moyen de prières publiques qui seraient faites, il plût à Dieu d'apaiser sa colère et d'accorder, comme on l'avait toujours éprouvé dans de semblables conjonctures, aux vœux publics la pluie si nécessaire pour la conservation des fruits de la terre. Comme ils ne pouvaient occuper dans le chœur de l'église les places ac-

(1) ..... Quod ipse dictus Joannes et successores sui perpetuo in eadem, ecclesia ac aliis ei subjectis aut ab illa dependentibus ecclesiis cappa, mitra, baculo pastorali, annulo, cruce pectorali, mozzetta, rocheto, sandaliis, chyrotecis, tunicis et cœteris omnibus pontificalibus indumentis atque insignibus ab episcopis illarum partium inter solemnia gestari solitis libere et licite uti, frui et gaudere..... possint et valeant... — Archives de l'abbaye de Saint-Aphrodise.

coutumées qu'avec l'agrément du chapitre et du corps des prébendés, ils exprimèrent le désir, pour prévenir tous les cas qui pourraient survenir, que le chapitre prit une délibération à cet égard.

Le chapitre se rendit à l'invitation qui lui était faite et délibéra de son côté que les consuls s'obligeraient de faire à l'avenir les vœux, selon l'usage, pour les calamités publiques, dans le chœur de l'église de Saint-Aphrodise.

Il fut unanimement convenu :

1° Que lorsque l'évêque aurait permis de faire des prières publiques en conséquence des vœux de la ville adressés à saint Aphrodise, elles seraient faites dans le chœur de la dite église, et qu'à cet effet les consuls iraient en chaperon demander l'agrément au dit chapitre qui serait tenu de donner son consentement, ainsi que MM. les prébendés, sans délai et aussitôt après qu'ils se seraient fait annoncer.

2° Que les places accoutumées du côté gauche du chœur seraient données aux consuls, procureur du roi et greffier de la ville, et qu'ils ne pourraient être précédés que par les doyens de MM. les chanoines et par celui qui pourrait avoir droit de vétérance, le droit y échéant.

3° Que les consuls assisteraient aux cérémonies, offices et processions qui seraient faites par le chapitre de Saint-Aphrodise, lorsqu'ils y auraient été invités par le prévôt du chapitre ou par le chanoine prévôt de la confrérie et par le syndic de MM. les prébendés et qu'alors les mêmes places seront données aux dits consuls (1).

Le domaine de l'abbaye s'étendait beaucoup. Il comprenait :

Les moulins de Bagnols (sous les murs de Béziers).
Les jardin et métairie de Saint-Hippolyte (territoire de Béziers).

(1) Registre des délibérations de la commune.

La paroisse de Sainte-Marie de Courts (près Cazouls-lès-Béziers).

Le jardin et terres de Saint-Marcel, et la métairie de Garrissou.

Le domaine de Saint-Geniès-du-Menestrel.

La terre d'Aspiran-Ravanès (terroir de Thézan).

Le champ de l'Ile (territoire de Béziers).

Le champ du Bandier.

Le champ à Puech Audry ou champ du Massacre (de Garrissou à Badones).

Le champ de Jonquières (chemin de Béziers à Notre-Dame de Badones).

Le prieuré de Neffiès.

Le prieuré de Saint-André de Prouilhan (territoire de Magalas).

Le prieuré de Nizas.

La métairie de la Galinière.

Les dîmes du prieuré de Ribaute.

Une maison située dans le bourg de Saint-Aphrodise.

Un fief dans la ville et le territoire de Béziers.

Tels étaient les biens que possédait l'abbaye de Saint-Aphrodise. Le collège des Jésuites lui faisait une redevance pour la métairie de Mercorant.

M. de Mercorant (1745-1767), un des derniers abbés, fit faire le devis de trois chapelles à symétriser avec celles de Saint-Guiraud, de Saint-Laurent et de Saint-Michel ou Saint-Hilaire. Il ne put pas exécuter son plan et les choses sont restées telles qu'elles étaient.

Aujourd'hui l'église de Saint-Aphrodise forme la troisième paroisse de la ville avec une population de neuf mille âmes.

Sa fête attire tous les ans un grand concours de population.

CATALOGUE DES ABBÉS

Bernard Ier. — 969.
Bernard II. — 1036.
Matfred. — 1050.

Pierre Ier. — 1092.
Bérenger de Ventajon. — 1129
Bermond de Levezou. — 1144.
Guillaume Ier de Murviel. — 1154.
Guillaume II de Margon. — 1167.
Guillaume III de Rocozels. — 1189.
Hélie. — 1199.
Bernard III Chauvet. — 1203.
Pons de Cocon. — 1214.
Raimond Michel. — 1222.
Pierre II de Cassan. — 1225.
Bernard IV de Guitard. — 1227.
Guillaume IV de la Broue. — 1232.
Jacques Ier. — 1247.
Raimond Ier de Sérignan. — 1255.
Pierre III de Vésian. — 1263.
Bérenger II de Frédol. — 1292.
Bernard V du Roy. — 1294.
Jean Ier Aycelin. — 1295.
Benoît Gaëtan. — 1307.
Frédéric du Feu. — 1312.
Guillaume V. — 1316.
André de Frédol. — 1330.
Gilbert. — 1349.
Bernard VI de Mandagout. — 1353.
Frézouls. — 1370.
Mathieu. — 1409.
Jean II Sessala. — 1421.
Girard de la Bricoigne. — 1428.
Raimond II d'Ardit. — 1431.
Jacques II Petit. — 1475.
Imbert de Lala. — 1478.
Jean III d'Oriole. — 1481.
Arnaud de Capus. — 1509.
Arthur Bureau. — 1511.

Jean-Antoine de Vesc. — 1529.
François Ier de Castelnau. — 1534.
Guillaume VI de Cajot. — 1543.
Simon de Pierrevive. — 1550.
Antoine II du Puy. — 1561.
François de Trottin. — 1580.
Hercule de Gailhac. — 1597.
Pierre IV Dalmas. — 1601.
Dominique de Bonsi. — 1615.
Henri de Disimieu. — 1619.
Jean IV de Pierre. — 1656.
Jean V Pélissier. — 1674.
Pierre V Gineste. — 1692.
Laurent Gineste. — 1700.
De Mercorant. — 1745.
Duplessis. — 1767.
Maillé de la Tour-Landri. — 1768.
Pierre Bénigne de Lort de Sérignan. — 1784-1790.

L'Abbaye de Saint-Jacques et les Génovéfains

OU CHANOINES RÉGULIERS DE SAINTE GENEVIÈVE

D'une origine ancienne, la congrégation des chanoines réguliers de Sainte-Geneviève fut réformée vers 1620 par le P. Charles Faure, un de ses premiers supérieurs généraux, et elle prit en France une grande extension. Les Génovéfains s'employaient à des fonctions diverses, soit dans l'administration des hôpitaux, soit dans celle des maisons de charité. Ils furent appelés à Béziers pour être mis en possession de l'abbaye de Saint-Jacques, avec la mission de se consacrer à l'administration de la paroisse.

Leur habillement consistait en une soutane de serge blanche, un large collet et un rochet de toile, l'été, ou un camail noir, l'hiver, avec un bonnet carré. Hors du monastère, ils portaient un manteau noir à la manière des ecclésiastiques. Pour habit de chœur, ils avaient, l'été, un surplis et une aumusse noire sur le bras ; l'hiver, un grand camail et une chape noire. Ils disaient, le soir, à huit heures, les matines et les litanies de la Sainte-Vierge. Ils se levaient à cinq heures, jeûnaient tous les vendredis, la veille des fêtes de la Sainte-Vierge, de celle de Saint-Augustin, pendant l'Avent et les deux premiers jours qui précédaient le Carême.

L'abbaye de Saint-Jacques était de l'ordre de Saint-Augustin. Les ravages du temps et les bouleversements du XVIe siècle ont porté un coup funeste à ses archives et ont englouti une quantité de documents précieux : *de primævo hujusce cœnobii statu ne hilum quidem expiscari potuimus et de eo silere cogimur.* Ainsi s'expriment les auteurs de la *Gallia Christiana*. On connaît la série de ses abbés depuis le dixième siècle, mais l'origine de l'église, antérieurement placée sous le vocable de Saint-Michel, remonte aux premières années du IXe siècle.

Cette abbaye ne semble pas avoir eu des jours de splendeur ; son existence ne présente point d'évènements marquants ; son rôle aurait été plutôt simple et modeste. Pauvre, obérée, tombant presque en ruines, elle fut abandonnée en 1465 par son titulaire, Jean III Erault, qui, se voyant incapable de la faire réparer et de la relever, la résigna entre les mains du pape Paul II.

Annas de Murviel, évêque de Montauban, après en avoir été commendataire pendant assez longtemps (1606-1633), la céda à son neveu Jean-Louis de Murviel, prêtre de Béziers, qui y fut nommé par le roi en 1633, et qui la garda jusqu'à sa mort arrivée le 25 septembre 1705. Sous son gouvernement l'abbaye fut réformée et unie à la congrégation de France des chanoines régulers (1) : *ab anno 1664 Congregationi canonicorum regularium gallicanæ unitur hæc abbatia qui regularem et cænobiticam revocarunt vitam, novumque jam pæne lapsæ reddiderunt splendorem.* Voilà ce que nous lisons dans la *Gallia Christiana.* A en croire ce témoignage, il y eut amélioration matérielle et regain de prospérité.

L'abbaye de Saint-Jacques, comme celle de Saint-Aphrodise, relevait de l'évêque de Béziers, et, quand les abbés lui rendaient hommage, ils se tenaient en sa présence, à genoux, tête nue et les mains jointes. Primitivement, elle comprenait cinq places canoniales, et à trois d'entre elles était joint un office claustral, soit de sacristain, soit d'infirmier, soit d'aumônier. Il y avait un curé perpétuel pour desservir l'église et un clerc. Ajoutez à cela une maison abbatiale servant d'habitation aux chanoines, au curé et au clerc. Chaque chanoine avait de pension dix setiers de bon blé froment, deux setiers de seigle, huit charges de vin, dix charges de bois, moitié gros et moitié menu, deux cartals d'huile et douze livres argent. Le curé recevait huit setiers de bon blé, sept charges de vin, deux cartals d'huile, six charges de bois et dix livres argent. Le clerc servant le curé avait six setiers de blé, un cartal d'huile, cinq charges de vin, cinq charges de bois et six livres argent.

Lorsque les bases de la réforme eurent été déterminées, l'exécution du plan adopté suivit de près. Le 4 octobre 1664 (2), les chanoines réguliers de la congrégation de

(1) Les Génovéfains furent réformés sous Louis XIII par le cardinal de La Rochefoucauld, sous le nom de chanoines réguliers de la congrégation de France.

(2) A partir de 1664, l'abbaye de Saint-Jacques fut unie à la congrégation

France furent installés dans le monastère de Saint-Jacques (1) et un concordat, approuvé par le R^me P. Général de la congrégation, fut passé entre l'abbé Jean-Louis de Murviel et les chanoines réguliers. L'abbé consentait à la réforme et à l'union à la mense conventuelle des places canoniales, vacations advenant, „ ensemble des offices claustraux, sacristain, infirmier et aumônier, de mesme que tous les autres benefices, tant prieure, cure, que simple, saulf la vicairie perpetuelle de Montady et une chapelle appelée Nostre-Dame de Pitié, non loin de ce qu'on appelait autrefois l'hôtel de la Croix Blanche. Il s'obligeoit a payer annuellement la pension de cinq religieux à raison de dix setiers bled, seize barals vin, vingt-neuf cartals d'huile, douze charges de bois, douze livres argent, et pour le clerc, six setiers bled, un muid de vin, six charges de bois, dix-neuf cartals d'huile et six livres argent, en sorte qu'il estoit retranche des anciennes pensions deux setiers seigle pour chaque place, qui fesoit le nombre de dix setiers toutes les années et estoit augmente seulement de deux charges de bois ; de plus, ledit sieur abbe donnoit pour augmentation de pension et reparation des lieux et offices réguliers, la somme de cent livres toutes les années, moyennant quoi lesd. religieux promettoient de ne rien demander. Lesd. religieux n'estoient point chargés de fournir ce qui estoit necessaire a la celebration du service divin, ornemens, ni de l'esglise. „ (2)

Ce concordat n'était fait que pour la vie de l'abbé Jean-Louis de Murviel. Un jour vint que les offices claustraux furent unis, ainsi que les prieurés de Saint-André-des-Parets (3) et de Saint-Pierre-de-Plaissan (4). On désigna un

française des chanoines réguliers de France, Jean-Louis de Murviel étant abbé.

(1) Délibération du Conseil réduit et ordinaire du 24 nov. 1772.

(2) Archives départementales, Abbaye de Saint-Jacques. C. 11.

(3) Commune de Thézan, canton de Murviel-les-Béziers.

(4) Canton de Gignac.

chanoine pour le prieuré non uni de Montarels (1), possédé par un séculier. Les chanoines prirent à leur charge les réparations et les décorations nécessaires à l'église et au lieu claustral, sans comprendre néanmoins la maison abbatiale détruite de temps immémorial.

L'abbaye de Saint-Jacques possédait un vaste domaine formé de terres disséminées dont voici l'énumération :

Le champ de l'Aiguillon. Le champ de l'Aire et du Roc, avec ferajal. Bois près de la rivière d'Orb. Le champ des Aspres, chemin de Villeneuve. Les terres de Portal à Ramejan. Le champ du Gal. Le champ dal signor Donnat, Le champ du Noyer à l'hort du papegay. Le champ de la Vignasse. Le champ de las Faïssés, traversé par le canal du Midi. Le champ de l'Infirmier. Le champ du Gazaniatge, près les moulins neufs, chemin de Villeneuve. Le pré de la Cartarié, terroir de Béziers, appelé aussi la Vignasse. Le champ de Pamperdut. Le jardin et terres de Combegrasse. Deux champs au terroir de Boujan. Le champ du Capiscol, au tènement de Campagne. Un ferajal aux Costes des Casernes ou Al Gua. Le champ de Montady situé à l'ancienne église. La dîme du Parraconage (2) ou Carnen. La dîme de Saint Marcel. La dîme de Montady. La dîme de Plessan. Le prieuré de Saint-André-des-Parets (Thézan). Le prieuré de Saint-Etienne-de-Gaspairous ou d'Auroux, commune d'Aumelas. Le prieuré de Saint-Vincent-de-Montarels, paroisse d'Alignan-du-Vent.

Toutes ces terres, de qualité supérieure, étaient très productives. Elles étaient affermées et donnaient un revenu d'au moins 3000 livres.

(2) Commune d'Alignan-du-Vent, canton de Servian.

(1) Le parraconage consistait dans la moitié de la dîme des troupeaux que possédaient les paroissiens de l'abbaye, soit qu'ils les tinssent dans ladite paroisse, soit qu'ils les tinssent partout ailleurs, mais dans le diocèse où ce droit se percevait. — La dîme de *Carnelage* était le droit de dix un sur les bestiaux, les volailles, les moutons, etc.

L'abbé avait la haute, moyenne et basse justice dans son bourg, c'est-à-dire que, sur quatorze bourgs que comprenait la ville, l'abbé en possédait un. Il jouissait aussi de pensions établies sur le clergé et sur la province. Le chapitre faisait à la mense épiscopale vingt livres pour le droit d'indemnité des terres situées dans le terroir de Ramejan.

M. Delon, conseiller du roi et trésorier général, ne les oublia pas dans son testament du 30 juin 1692 :

„ Lorsque mon âme sera séparée de mon corps, dit-il, je veux estre ensepueli dans ma paroisse de Saint-Jacques, auquel effet je donne aux Pères de Sainte-Geneviève, qui en sont les curés, la somme de 150 livres payable une fois au bout de l'an de mon décès, à condition qu'ils diront un annuel pour le repos de mon âme, et à l'égard de mes honneurs funèbres, je les laisse à mon héritier, le moins pompeuses qn'il se pourra. „

Les chanoines voulaient en venir à un partage et abandonner leurs pensions qui étaient peu considérables par rapport aux revenus de l'abbaye. Ce partage ne se fit que sous l'abbé successeur de M. de Murviel.

Un brevet du roi, du 1er novembre 1705, nomma Messire Artus-Timoléon de Barcos, vicaire général de l'évêque de Bayonne, à l'abbaye de Saint-Jacques. Lorsque le nouveau titulaire eut reçu les bulles pontificales et les lettres de fulmination délivrées par Jean-Paul de Chauchard, official à l'évêché de Béziers, scellées du sceau de l'évêque de Béziers, „ deux commissaires se rendirent au couvent de Saint-Jacques et donnèrent lecture au prieur et aux chanoines réunis de la bulle et des lettres de fulmination. Le prieur déclara qu'il était ravi et très aise que la dite abbaye fût remplie de la personne du sieur de Barcos, qu'il consentait très volontiers à la prise de possession d'icellui. Les commissaires se rendirent à la porte principale de la dite abbaye pour faire lecture des bulles et des lettres de fulmination, entrèrent dans l'église où on leur donna l'eau bénite, prirent possession réelle, actuelle et corporelle de la dite abbaye, du régime et administration de tous droits, fruits, profits, revenus et monuments en dépendants ; en signe de vraie possession, le prieur les conduisit au chœur de ladite église abbatiale, fit baiser le grand autel après avoir fait oraison devant icellui en la forme et manière accoutumée, et après les avoir fait asseoir à la chaise abbatiale, fait fermer et ouvrir les portes principales de la dite église, sonner les cloches, le *Te Deum* fut chanté par les religieux du dit monastère „ (1).

Vient ensuite un accord particulier conclu le 30 octobre 1708, entre messire Artus-Timoléon de Barcos, abbé commendataire et seigneur au haut, moyen et bas du bourg de Saint-Jacques, et les prieur et chanoines réguliers et chapitre de Saint-Jacques. R. P. Pierre Branche, prieur claustral, aumônier du chapitre et curé de la paroisse de la dite abbaye; Pierre Tilquin, ancien curé de la même paroisse, Jacques Mirandeau, Pierre-Louis Gaytat et Joseph Raussin, syndic du chapitre.

Les biens de la mense commune furent partagés, en 1754, entre l'abbé et le chapitre. L'abbé possédait les droits seigneuriaux, la dîme de Montady, le champ de la Vignasse, le champ de Pamperdut, le prieuré de Saint-Marcel près Boujan, le Jardin du Roc, le champ du Noyer, la maison du Four, le champ et pré du Gal, le champ des Aspres. Le chapitre possédait le jardin et les terres de Combegrasse avec maison de récréation et d'agrément, le champ de l'Aiguillon, le champ de l'Aire, le champ des Faïssés, le pré de la Cartarié.

Par acte du 16 décembre 1757, messire Jean-Joseph Ségur, prêtre de la Congrégation de la Mission, supérieur de la maison du séminaire de cette ville et syndic des pauvres de ce diocèse, héritiers de messire Jean-Philippe de

(1) Archives départementales, C. 11.

Villespassans, prêtre, chanoine, sacristain de l'église de Saint-Aphrodise de Béziers, décédé au mois de septembre 1719, déclara tenir à censive ou emphytéose perpétuelle de messire Artus-Timoléon de Barcos, abbé commendataire de l'abbaye de Saint-Jacques, représenté par Me Léonard Nicolas, prieur de la dite abbaye et curé de la paroisse de Saint-Jacques, des terres situées à la Cartarié, au pont de Lirou et à Gargailhan.

Une ordonnance épiscopale du 12 mars 1761 autorisa le même prieur, Me Nicolas, à accepter une fondation faite par dame Marie de Laurens, veuve de noble Pierre de Saint-Sernin de Pouzac, portée dans son testament du 10 février 1756, reçu par Me Maffre, notaire de Maureilhan, et consistant en une amende honorable devant le Très-Saint-Sacrement le quatrième dimanche de chaque mois immédiatement après Vêpres à perpétuité (1).

Successeur d'Artus-Timoléon de Barcos, par un acte du 8 octobre 1766, messire Pierre de Guilhot de Montdésir, prêtre, vicaire général du diocèse de Mâcon, abbé commendataire de l'abbaye de Saint-Jacques de Béziers, ordre de Saint-Augustin, Congrégation de France, bailla à vie au R. P. Simon René de Courloux, prêtre, chanoine régulier, de l'ordre de Saint-Augustin, Congrégation de France, à partir du 1er janvier 1767 ses droits de haute, moyenne et basse justice, ses revenus des biens de la dite abbaye.

En 1772, l'église fut l'objet d'une transformation. Les chanoines réguliers firent détruire et réédifier le chœur de l'église, réparer une partie de la nef et des bas côtés et ils donnèrent alors à l'abside une forme polygonale d'une remarquable exécution.

L'abbaye tomba, en 1780, entre les mains de messire Cortois de Pressigny, qui fut le dernier abbé de Saint-Jac-

(1) Archives municipales. Registre du secrétariat de l'évêché, page 97.

ques. Elle fut supprimée en 1790 et l'église abbatiale est aujourd'hui la quatrième paroisse de la ville.

Un des derniers curés, M. Etienne-Emile Ramadié, est mort archevêque d'Albi, le 31 juillet 1884.

CATALOGUE DES ABBÉS

Aimeric. — 908.
Adolphe. — 920.
Matfred Ermengaud. — 1053.
Raymond. — 1080.
Hugues Ier. — 1093.
Arnaud de Levezou. — 1099.
Géraud Ier. — 1104.
Hugues II. — 1120.
Bruno. — 1137.
Guillaume Ier Bernard. 1167.
Pirre Ier des Parets. — 1181.
Guiraud. — 1213.
Bérenger. — 1225.
Guillaume II d'Arnaud. — 1245.
Pierre II. — 1260.
Guillaume III Bernard. — 1273.
Bernard. — 1304.
Pierre III. — 1328.
Guillaume IV. — 1363.
Guillaume V Sermaire. — 1370.
B. . . . . — 1401.
Jean Ier de Roux. — 1416.
Gui de Garrique. — 1417.
Pierre IV. — 1433.
André d'Ortes. — 1434.
Jacques Ier de Carres. — 1438.
Barthélemy Ier. — 1455.
Jean II d'Arnoye. — 1456.

Barthélemy II. — 1459.
Jean III Erault. — 1462.
Gérard II de Roux. — 1465.
Jacques III de Roux. — 1473.
Charles de Roux. — 1495.
Jeau IV de Roux. — 1501.
Jean V de Roux. — 1519.
Jacques IV de Roux d'Arnoye et de Marsillargues. — 1534.
Pierre IV Delpuech. — 1588.
Anne de Murviel. — 1601.
Jean-Louis de Murviel. — 1633.
Artus-Timoléon de Barcos. — 1705.
Pierre-Guillot de Montdésir. — 1764.
Gabriel Cortois de Pressigny. — 1780-1790.

Les chanoines du chapitre cathédral de Saint-Nazaire et Saint-Celse.

La religion chrétienne longtemps opprimée se trouva un jour dégagée de ses liens et elle prit son essor. Favorisée par les empereurs romains qui l'avaient embrassée, elle s'étendit non seulement dans les grandes villes mais encore dans les moindres lieux de la campagne. Le nombre des évêques augmenta ; à chacun, on assigna un district ou diocèse dont il choisit la ville principale pour y établir sa résidence. L'église où les évêques exerçaient directement leurs fonctions s'appela *cathédrale* parce qu'ils y avaient fixé leur chaire. Mais loin de se confiner dans une ville, ils allaient en mission dans les divers centres et se faisaient suivre du clergé de leur cathédrale. Celui-ci marchait avec l'évêque comme le parlement à l'origine accompagnait le roi partout où il se transportait. De même que le parlement fut rendu sédentaire, ainsi le clergé s'attacha à une cathédrale d'une manière définitive et forma un chapitre de chanoines. Ils vivaient en communauté, demeuraient avec l'évêque et étaient entretenus aux dépens de l'église. Telle a été l'origine des chapitres diocésains.

L'existence de la congrégation des chanoines de l'église de Saint-Nazaire remonte au IXe siècle; elle apparaît dès 897. Au XIe siècle s'introduisit la séparation des menses épiscopale et capitulaire, et les chanoines vécurent de la vie commune. Auprès des églises cathédrales, ils eurent leur cloître, leur réfectoire, leur dortoir, leur salle capitulaire.

La vie canoniale n'existait plus dans le chapitre de Saint-Nazaire parce que grâce aux usurpations des évêques les chanoines n'avaient plus de quoi pouvoir vivre en commun. Matfred III voulut la ramener en créant de nouvelles ressources, et pour cela il réunit à la mense du chapitre (12 février 1092) les deux prévôtés — la majeure et la mineure — la sacristie et les églises de Saint-Saturnin, de Saint-Julien et Saint-André avec ses annexes, Sainte-Madeleine et Saint-Félix.

Les chanoines de Béziers quittèrent de nouveau la vie commune, et cette fois définitivement, pendant la guerre contre les Albigeois et à la suite du sac et de l'incendie de la cathédrale en 1209. Toutefois, ils continuèrent de manger ensemble le Carême et une partie de l'Avent jusqu'en 1300.

Le 27 février 1391, l'évêque Barthélemi de Montchenu régla la division des collations appartenant à chaque chanoine, soit au dedans, soit au dehors de l'église de Béziers, et il fit dresser une nouvelle répartition des bénéfices (1) suivant que la collation en appartenait à l'évêque ou au chapitre composé de treize chanoines dont huit dignitaires savoir : l'archidiacre majeur ou de Béziers, le précenteur, l'archidiacre de Cabrières, le sacristain, l'archidiacre de Lunas, le camérier, le succenteur et le trésorier. Les autres chanoines se distinguaient par le nom de leur prébende respective. C'étaient le chanoine de Sérignan, celui de Garrissou près Béziers, celui de Valles (de *Vallibus*) (2), celui de Corneilhan, celui de Quarentène. On voit figurer plus tard le chanoine des moulins de Saint-Pierre (de *molendinis*).

L'évêque n'appartenait pas au chapitre, et celui-ci exerçait l'administration du temporel pendant la vacance du siège épiscopal.

On distinguait les hebdomadiers, les prébendiers, les bénéficiers, les conduchers et semi-conduchers (*integri et medii conducherii*).

Par une bulle du 10 juin 1412, le pape Jean XXIII supprima l'archidiaconé de Cabrières, érigea l'archidiaconé de Lunas en archidiaconé majeur (3) et réduisit le nombre des chanoines à douze.

Un rôle de 1584, conservé dans les archives de la Société Archéologique, donne la nomenclature exacte des soixante bénéficiers divers : un maître des écoles de grammaire, écolâtre (4) ou capiscol, quatre hebdomadiers du grand

(1) Archives de la Société Archéologique, *Status divisionis beneficiorum ecclesiæ bitterensis*.

(2) Ancien moulin de l'Orb, commune de Lignan.

(3) Les archidiaconés furent remplacés par les archiprêtrés de Cazouls, de Boussagues et du Pouget qui subsistèrent jusqu'en 1789 ; mais la dignité de grand archidiacre fut toujours maintenue.

(4) De plus, chaque église cathédrale comptant plus de dix chanoines, selon une ordonnance de Charles IX, de l'année 1563, devait affecter les revenus d'une prébende aux gages et à l'entretien d'un docteur en théologie chargé d'instruire la jeunesse dans les matières de la religion et de les former par la prédication aux bonnes mœurs.

autel, deux secondaires de Saint-Michel, onze hebdomadiers de troisième ordre de Saint-Michel, deux diacres et sous-diacres du grand autel, six chapelains du Saint-Esprit, le chapelain de la chapelle Saint-Blaise du palais épiscopal, un diacre de la sacristie, trois scapouliers ou sonneurs, le prieur de Saint-Pierre de la cité, le prieur de Saint-Julien du bout du Pont, le prieur de Saint-Sauveur, un bedeau de l'évêque, quatre célébrants, deux clercs de la chapelle Saint-Michel, deux clercs de la chapelle Sainte Croix, deux clercs de la chapelle Saint-Eloi, quatre chapelains, un vicaire et un clerc de la chapelle de Notre-Dame du Siège (2), un bedeau de l'église, deux clercs de la chapelle Saint-Etienne, un clerc de Saint-Pierre, un clerc de Saint-Sauveur, un clerc de Saint-Julien. Il y avait six enfants de chœur, un maître de musique, un organiste, deux musiciens, un serpent.

Un autre rôle de 1735 fait connaître le nom de tous ceux qui composaient le chapitre de Saint-Nazaire et qui étaient titulaires dans cette église. Leur nombre, qui n'était que de soixante, se porte à soixante-sept. Comme les chanoines, ces ecclésiastiques devaient habiter le bourg de Saint-Nazaire.

Les chanoines tenaient leurs assemblées ou chapitres dans un local particulier, et en dernier lieu dans une salle capitulaire bâtie par l'évêque Guillaume VIII de Montjoie (1422 1451) et qui existe encore.

Il y avait trois chapitres généraux annuels. Le premier était aux calendes de mai. On y faisait l'élection des prévôts ou régents de la communauté. Les nouveaux élus faisaient serment de bien remplir leur charge, et les prévôts sortants rendaient compte de leur gestion.

Dans le second, tenu après la fête de Saint-Martin d'hi-

(1) La chapelle de Notre-Dame du Siège ou de l'Accès, aujourd'hui Notre Dame du Rosaire, était la paroisse. C'est là qu'on conservait la *Réserve*. Le maître-autel n'avait pas de tabernacle. Celui qu'on y voit provient de l'ancienne église des Dominicains.

ver (*hiemalis*), les prévôts communiquaient le budget des recettes et des dépenses.

Le troisième se tenait le lendemain de la Quinquagésime (*in crastinum carniprivii*). Le trésor, c'est-à-dire, les vases d'or et d'argent, les croix, les candélabres, les habits de soie et tous les ornements de l'église étaient recensés et mis sous les yeux des chanoines. On s'assurait de la bonne qualité du vin et on veillait à ce qu'il fût distribué avec justice à tous les ayants-droit.

L'évêque conférait les canonicats, les dignités, les prébendes et quelques bénéfices de l'église de Béziers.

Le chapitre, c'était les chanoines en corps. Quand il était appelé aux enterrements, les chanoines avaient seuls le droit d'officier. Les hebdomadiers, prébendiers et bénéficiers devaient leur céder le pas, tant dans l'église qu'au dehors. Au sermon, ils occupaient un banc au-dessous de celui des chanoines. Le chapitre nommait les hebdomadiers, prébendiers et bénéficiers aux fonctions qui leur étaient réparties et à certains bénéfices. Les bénéficiers étaient obligés d'aller à Saint-Félix, la veille et le jour de la fête du Patron.

A part les offices, les heures canoniales, les obits et autres cérémonies particulières, les chanoines devaient faire certaines processions de fondation, aux églises de Saint-Aphrodise, de Saint-Jacques ou à des chapelles.

Les chanoines ne devaient paraître à l'église pendant les offices qu'avec des surplis. Ils étaient seuls à pouvoir porter des aumusses de menu-vair ou de petit-gris. Les hebdomadiers, prébendiers et bénéficiers les portaient „ rousses d'escureuil ou de lapin de couleur rousse „. Leur obligation principale était l'assiduité aux offices. L'absence non justifiée des chanoines aux heures prescrites était punie de la privation des distributions en argent, blé, vin, etc. Deux pointeurs étaient désignés pour marquer les absents.

L'évêque devait prendre chaque jour pour sa prébende

cinq sous en monnaie de cours, pourvu qu'il fût présent dans sa ville.

Chaque chanoine recevait soixante setiers de blé, trois setiers de seigle, dix setiers d'avoine, douze quartals d'huile, douze muids de vin, dix livres pour le vestiaire, sept chapons et sept poules, huit livres de fromage, trente-deux œufs, douze charges de paille, une lamproie au Carême du fermier de la métairie de Saint-Pierre et de celui de la pêche, douze pigeons du fermier de Saint-Pierre.

Les bénéficiers avaient droit aux mêmes rentes et aux mêmes avantages ; les distributions étaient moindres de moitié.

Outre ces distributions de fondation, tous, chanoines, prébendiers, bénéficiers recevaient des rétributions plus ou moins nombreuses quand ils assistaient à des *Inviolata* que le chœur chantait à complies chaque dimanche de l'Avent et du Carême, ou la veille et le jour des fêtes de Saint-Joseph ou de la Sainte-Vierge, à de grandes ou de petites heures de l'office de la Sainte-Vierge, à l'adoration de la Croix, à l'hymne du *Vexilla*, au *Miserere meî*, à des processions fondées, aux messes doubles ou de la férie, à matines, à vêpres..... (1).

Le nombreux personnel du chapitre occupait le chœur tout entier. Un jubé, détruit en 1791 (2), le fermait à partir du transept. Un double rang de stalles permettait à chacun d'avoir sa place marquée. A droite de l'autel était le trône de l'évêque et à gauche la chaire du grand archidiacre. Les autres dignitaires et bénéficiers suivaient dans leur ordre de préséance.

Le sceau du chapitre de forme ovale, avec l'inscription

(1) Archives de la Société Archéologique. *Modus levandi ad usum capituli biterrensis, 1689,* cahier de trente feuillets.

(2) « Le jubé qui sépare le chœur de l'église de Saint-Nazaire de la nef sera démoli pour la commodité de l'assistance des fidèles aux offices. » Délibération de 1791.

Sigillum capituli Biterrensis, représentait deux personnages (SS. Celse et Nazaire) debout, vus de face, nimbés et palmés, l'un plus petit que l'autre (1309). Ses armes étaient d'azur plein.

Le domaine de l'église de Béziers, dont les revenus étaient de plus de cent mille livres, se confondait avec celui du chapitre ; il était constitué en immeubles ou redevances de diverse nature sur les églises et même sur les personnes.

En voici la nomenclature d'après un état dressé en 1790 :

Prieurés de Vendres, de Montblanc, de Bassan, de Notre-Dame de la Trobade (Saint-Geniès-le-Bas), de Saint-Félix de Toureilles, de Mus et Coujan (Murviel), de Magalas et de Saint-Nazaire de Volbes, de Saint-Pierre de la Valette (Puissalicon), de Sérignan et de Saint Martin de Valras, de Cers, de Saint-Nazaire la Garrigue (Boujan), de Vendémian, de Saint-Martin de Cardonnet, de Saint-André d'Aigues-Vives (Servian), de Maraussan, de Caux, de Saint-André de Rieussec (Avène), de Saint Jean de Bibian (Pézenas), de Laulanel (Saint-Nazaire de Ladarez ; — les chapelles de Saint-André et de Saint Saturnin d'Abeilhan et celle de Servian ; — les fabriques de Douch, de Saint-Pierre de Rhèdes (Le Poujol), de Saint-Eusèbe, Carlencas et Valquières ; — les biens de l'œuvre et de la vicairie de Pailhès, les domaines de Montady, de Saint-Pierre et des Salles (Béziers), d'Amilhac (Servian), du Viala (Capestang), les moulins de Saint-Pierre , — les dîmes de Boulhonac (Saint-Geniès-le-Bas), de Badones, de la Mèjarié, de Saint-Vincent, de Saint-Jean d'Aureilhan, la grande dîme et le carnenc (impôt spécial) de Béziers, le Tertial du Saint-Esprit, les champs d'Hérail et du juge à Villeneuve, des lods et censives en blé, orge et argent, des fondations, pensions et albergues, des dîmes de muscats, fourrages et millets (1).

Les derniers grands archidiacres ont été :

(1) Archives de la Société Archéologique.

Jean IV de Maussac, docteur en l'un et l'autre droit. — 1625-1663.

Jacques II de Maussac, docteur en théologie. — 1664-1704.

Jean V de Maussac, docteur en théologie. — 1704 – (?).

Jacques ou Jean de Maussac (?).

François de Barrès (1756) était encore en fonctions quand la Révolution supprima le chapitre.

Les Chapelains du Saint-Esprit

Bérenger III de Frédol, évêque de Béziers (1294-1305), dit cardinal de Lavérune du titre de SS. Nérée et Achille, fonda presque en même temps que le monastère des Dames du Saint-Esprit, affectées aux soins des pauvres de l'hôpital de la Maladrerie, le collège du Saint-Esprit pour le service de la chapelle de ce nom nouvellement bâtie dans l'église cathédrale de Saint-Nazaire.

C'était une réunion de six prêtres, tenus à dire tous les jours une messe à l'intention du fondateur, et vivant d'une vie commune. „ Ils mangeront, dormiront et demeureront ensemble, dans une maison que cestuy sieur cardinal leur assignera, „ disait le règlement. Cette maison, proche de l'église de Saint-Nazaire, est encore désignée de nos jours sous ce nom : „ Le Saint-Esprit. „

Elle est ainsi décrite dans le Compoix de 1605 :

„ Collège du Saint-Esprit. Une maison, deux basse courtz, patus, jardrin, puidz et uotes (voûtes) soubz la reue, au bourg St Loys, confronte de terral Affrodise Barral, midy reue publique, marin le plain de Saint-Nazaire, Me Pierre Malcazal chanoyne, et Jean Dieu escuier, d'aquillon led. Dieu, reue publique et led. Barral ; contient le couuert septante sept cannes, basse courtz trente neuf cannes et demye, pattus seitze cannes et demye, ce quest soubz la reue onze cannes, jardrin dix-sept dextres, troys cartes ; faict onze liures, quatorze sous, dix deniers. „

Un extrait de l'acte de leur établissement nous servira à faire connaître leurs avantages et les obligations qui leur étaient prescrites :

Chacun des six chapelains perceura tous les jours du chapitre de Beziers dix deniers de monnoie courante du temps de Saint Louis ou dautre monnoie si celleci change de valeur. Un des six prebstres celebrera la grand'messe a haute voix dans ladite chapelle chaque jour, les autres chapelains presents et assistans, laquelle messe se commencera a la premiere sonnerie de tierce de léglise de Saint Nazaire, et les autres cinq prebstres celebreront messe basse en la mesme chapelle, en sorte que chaque jour il se deura dire et celebrer dans lad. chapelle six messes pouruu quil ny ait point dempeschement legitime et honnette et en ce cas on pourra dire lesd. messes en quelque autre chapelle de ladite esglise.....

Mgr de Bausset de Roquefort supprima cette grand'messe, excepté pour le jour de la Pentecôte, et il obligea chaque chapelain à dire par an douze messes de plus qu'il ne devait en représentation des messes chantées, ce qui forma un nombre de soixante-douze messes de plus dites selon l'intention du fondateur (1).

(1) Ordonnance du 20 janvier 1759. — Archives municipales, registre du secrétariat de l'évêché, page 88.

Les Templiers et les Hospitaliers de Saint-Jean de Jérusalem.

C'est de la première croisade que sortirent les deux milices de l'Hôpital et du Temple. Les chrétiens de la Palestine virent ces chevaliers, ces mêmes soldats institués pour leur défense, verser leur sang avec une admirable prodigalité et en arroser les sables du désert.

Les Templiers avaient sur leur vêtement blanc une croix patriarcale rouge, et les Chevaliers de Saint-Jean de Jérusalem portaient sur un manteau noir une croix blanche à huit pointes. Ils vivaient dans une grande austérité. Leurs statuts furent rédigés par saint Bernard.

Devenus l'objet d'offrandes abondantes, non seulement en Asie mais encore en Europe, ils se trouvèrent possesseurs de grands et riches domaines dont les revenus étaient affectés à l'entretien et à l'armement de leurs troupes.

Suivant dom Vaissete, l'ordre du Temple fit son apparition en Languedoc vers 1136. La maison de Béziers renfermait une église dédiée à sainte Eulalie dont on ne retrouve aucune trace. Quant à ses possessions dans notre région, on ne les connaît que par tradition. Les chartes propres à les indiquer ne se retrouvent plus. Il existe un document (1) incomplet, il est vrai, d'après lequel nous voyons que les Brégines, banlieue de Béziers, et Périeis, commune de Nissan, sont d'anciennes commanderies des Templiers. L'un et l'autre domaine offrent, sous forme d'un donjon ou

(1) Publié dans le Bulletin de la Société Archéologique, tome 13, 2e livraison, page 23.

d'une porte et d'une façade, les vestiges très apparents de la chapelle.

Lorsque la condamnation et la suppression des Templiers eurent été prononcées au concile de Vienne (1311-1312), leurs possessions furent attribuées aux Chevaliers de l'Hôpital de Saint-Jean de Jérusalem, et ceux-ci les gardèrent intactes pendant cinq siècles. L'ordre, pour notre contrée, releva du prieuré de Saint-Gilles.

L'époque la plus probable où les Chevaliers de Saint-Jean de Jérusalem prirent pied dans notre ville semble remonter, d'après les plus actives recherches, à l'année 1143. Bermond de Leveson, évêque de Béziers, favorisa de bonne heure le développement de l'institution et il fit don aux Chevaliers de l'église de Saint-Saturnin, à l'extérieur de la cité (1148) (1), à laquelle on affecta aussi le vocable de Saint-Jean.

A partir de ce moment, leurs possessions s'étendirent facilement, tantôt par des acquisitions, tantôt par des donations. Celle de l'église de Saint-Saturnin hâta l'accroissement de la commanderie de Béziers créée à côté de celles des Brégines et de Périeis. Elle avait pour limite, au sortir de la porte de la citadelle, le chemin de Saint-Thibéri jusqu'à la croix de la Lieue, ou de la Legua; de ce chemin à celui de Béziers à Pézenas, par le sentier de Boujan à cette même croix. L'ancienne rue Saint-Jean, aujourd'hui Boïeldieu, et le faubourg de ce nom rappellent une limite de la commanderie. Les terres étaient attenantes à celles des villages aujourd'hui détruits de Badones et de Libouriac. Elle reçut un grand développement à la suite d'un don de champs, vignes, prés et pâturages du tènement appelé la garrigue d'Artigues, que lui fit en entrant dans l'ordre le chevalier Raymond de Libouriac par un acte du mois de

(1) Voir dom Martène, *Thesaurus novus anecdotorum*, tome 1er, page 406, et *Gallia Christiana*, tome 6, col. 137.

janvier 1193 (1). L'hôpital de Saint Jean de Libron en faisait partie.

Les nombreux établissements de l'ordre étaient composés de maisons où l'on formait les jeunes chevaliers aux guerres d'outre-mer et où l'on recueillait ceux qui avaient été mutilés dans les combats, et de granges ou domaines ruraux dont l'exploitation devint la principale occupation.

A l'intérieur de la ville, les chevaliers de Saint-Jean de Jérusalem possédaient une maison avec jardin, appelée *l'Ospitau dè Nostre Dame de Saint Jean de Jérusalem*. Elle confrontait une rue menant vers la place de la Croix de Saint-Cyr, désignée sous le nom de rue des Chevaliers. Ils la cédèrent aux Frères Prêcheurs dont le couvent était contigu (2), comme plus tard ils aliénèrent aussi en faveur des Prêtres de la Mission, pour l'établissement du séminaire, une maison et un enclos hors des murs de la ville, près la porte des Carmes (3).

Parmi les autres possessions des Chevaliers de Saint-Jean de Jérusalem, nous relèverons les domaines de Saint-Jean de la Cavalerie (commune de Montblanc), de Coste-Sèque (commune de Béziers), Capestang (dans l'ancien diocèse de Narbonne) et son annexe l'église de Saint-Nazaire, Cazouls d'Hérault (dė la commanderie de Pézenas), Marseillan (dans l'ancien diocèse d'Agde), Campagnolles (commune de Cazouls-lès-Béziers) avec ses dépendances de Milhau et Coujan, les paroisses de Rocozels-Ceilhes et de Saint-Martin des Ubertes (canton de Lunas) qui leur avaient été données en mars 1181 par Bernard IV, évêque de Béziers.

Le commandeur possédait à Saint-Jean de Grésan, commune de Laurens, un château seigneurial et un très vaste domaine distribué dans les paroisses de Saint-Geniès-le-Bas, de Saint Nazaire, de Caussiniojouls, de Cabrerolles,

(1) Archives municipales. Parchemin, liasse des congrégations religieuses.

(2) Contrat du 26 janvier 1611.

(3) Contrat du 6 août 1702.

des censes et des fiefs à Marcorignan, Saint-Marcel, Ginestas, Villespassans, Marseillan, Montblanc, Pézenas, Fabrègues, avec des droits sur le territoire de Preissan près d'Ouveillan, sur l'étang de Capestang, la source de Fonseranes, banlieue de Béziers.

La Révolution, qui confisqua en France tous les biens du clergé, s'empara également de ceux des Chevaliers de Saint-Jean de Jérusalem appelés successivement Chevaliers de Rhodes ou Chevaliers de Malte, selon que l'une ou l'autre de ces deux îles devint le siège de l'ordre. En 1797, le général Bonaparte, allant en Egypte, leur enleva l'île de Malte et mit fin à leur existence politique. Telle fut la fin de leur domination.

Les Antonins

OU RELIGIEUX DE SAINT-ANTOINE-DE-VIENNOIS (1)

Nous sommes en présence d'un ordre hospitalier, mais non militaire. Il avait pour but de soigner les malades atteints du feu sacré ou mal des ardents, dit encore „ feu Saint-Antoine „ , mal terrible dont la fureur s'exerça surtout dans les XIe et XIIe siècles. Le membre attaqué devenait noir et sec, comme s'il eût été brûlé, et quelquefois il tombait en putréfaction.

(1) Ordre de Saint-Antoine institué en Dauphiné, au XIe siècle, pour vaquer au service des infortunés atteints du feu sacré. Plus tard, Urbain VII les créa chanoines en les soumettant à la règle de saint Augustin. Au moment de sa suppression l'ordre possédait en France trente-six maisons.

L'ordre hospitalier des Frères de Saint-Antoine fut fondé vers 1080.

Jaucelin, seigneur de Châteauneuf d'Albenc, en Dauphiné, avait fait un pèlerinage en Terre-Sainte. Pendant qu'il séjournait dans cette contrée, il rendit quelques services militaires à l'empereur d'Orient, Romain IV, dit Diogène (1068-1071), dans une longue lutte contre les Turcs, et il obtint, comme récompense, le corps de saint Antoine qu'il apporta dans une de ses terres, appelée la Motte-Saint-Didier, aujourd'hui Saint-Antoine-du-Viennois (1).

Jaucelin demanda à saint Antoine, et il obtint par l'intercession de ce saint, la guérison de son fils tourmenté par ce *mal des ardents.* Par reconnaissance, il se consacra avec lui au soulagement des personnes atteintes du même malheur, qui se rendaient en pèlerinage à la Motte Saint-Didier, car le bruit des miracles opérés par les reliques de saint Antoine s'étendit au loin. Guigues Didier, successeur de Jaucelin, recevait de son mieux les infirmes, et ses domestiques remplissaient les fonctions de frères hospitaliers, mais bientôt ils furent insuffisants. Deux seigneurs, venus en pèlerinage à Saint-Antoine, furent émus de ce qui s'offrait à leurs yeux et résolurent de se consacrer au service des pauvres malades. D'autres gentilshommes se joignirent à eux ; bientôt fut fondé un monastère pour la communauté naissante et un hôpital pour les malades.

La congrégation des Frères de Saint-Antoine fut autorisée par le pape Urbain II au concile de Clermont, en 1095. En 1202, le pape Innocent III donna à l'ordre des constitutions définitives. En 1297, le pape Boniface VIII érigea en abbaye la Maison de l'Aumône et fit les Antonins chanoines hospitaliers en leur donnant la règle de Saint-Augustin. A la fin du XIIe siècle, il y en avait dans toute l'Europe.

Les Frères de Saint-Antoine portaient une tunique noire,

(1) Petit bourg du canton et de l'arrondissement de Saint-Marcellin (Isère).

ample, surmontée d'un gros capuchon, un long manteau plissé sur le col et s'attachant par une agrafe devant la poitrine sans manches ni collet renversé avec bonnet noir à quatre cornes et sur le manteau, du côté gauche, le Tau sacré en camelot d'azur. Ils faisaient les trois vœux monastiques et suivaient la règle de Saint-Augustin. Ils mangeaient de la viande quatre fois la semaine, faisaient abstinence tous les mercredis de l'année et, outre les jeûnes de l'Eglise, ils jeûnaient encore pendant l'Avent et la veille de certaines fêtes. Le chef portait le titre d'abbé, leurs supérieurs, celui de commandeurs, et leurs maisons celui de commanderies (*Præceptoriæ*). On distinguait les commanderies générales et particulières, et les prieurés.

Ils furent un fréquent objet de donations de la part des princes et ils reçurent des papes de nombreux privilèges.

On ignore l'époque de leur établissement à Béziers. On les y rencontre mentionnés dans des actes du XIVe siècle, vers 1330. Leur maison et leur église, dont il n'existe aucune trace depuis longtemps, ont dû être situées hors des murs de la ville, dans le voisinage du ruisseau qui a retenu le nom de Saint-Antoine. Quant à la rue Saint-Antoine, elle n'a pu emprunter ce nom qu'au couvent des religieuses de ce nom qui semblent avoir séjourné dans notre ville (1), d'après une vague tradition, sans pouvoir l'étayer d'aucun document écrit, comme d'autres rues, celles de Saint-Dominique, de Sainte-Claire, des Récollets, des Augustins, tiraient leur nom de différents couvents auxquels elles donnaient accès.

Un vieux document signale la proximité de la commanderie de Saint-Antoine et du château du Verger non loin du ruisseau de Saint-Antoine, où fut établie la congrégation des Prêtres de la Mission, directeurs du séminaire.

En 1614 et 1617, Jean Guibal, collecteur des tailles, fit

(1) Un document de 1330 fait mention des religieuses de Saint-Antoine.

exécuter les biens de la commanderie pour la cotisation des tailles. Gilson, abbé commendataire, forma opposition sous prétexte que ces biens étaient nobles et exempts de taille. Il appela la ville en garantie et par sentence de la cour des aides elle fut condamnée à rembourser les tailles perçues.

L'ordre de Saint-Antoine fut supprimé en 1771 sous prétexte de non conventualité et, sur sa demande, uni à celui de Malte.

Il possédait dans notre terroir une maison, cinq pièces de terre et une vigne (1) ainsi désignées dans le livre des compoix : Un champ al Puech de la Poume (7 sétérées, 3 quartes, 19 dextres), une olivète (4 sétérées), un champ (40 sétérées, 2 quartes, 20 dextres) et rivage (1 sétérée) à Saint-Antoine, un champ al Limbardié (9 sétérées, 3 dextres), un autre champ al Limbardié (11 sétérées, 12 dextres).

Les Antonins avaient le droit de quêter avec une sonnette et se faisaient suivre par un porc. Les offrandes qu'ils recevaient consistaient particulièrement en pieds de porcs. Leurs porcs pouvaient paître en quelque prairie qu'on les conduisît : c'étaient les troupeaux de Monseigneur Saint-Antoine. Ils portaient la sonnette et l'enseigne du saint, c'est-à-dire, le *Tau* au cou. Beaucoup de chartes royales, jusqu'à François Ier, sont relatives aux quêtes et aux troupeaux de Saint-Antoine qui circulaient librement même dans les rues de l'ancien Paris (2).

(1) Archives communales. Etat de 1780.

(2) Notes sur la commanderie des Antonins à Aubenas en Vivarais, par M. le Dr Francus.

COUVENTS DE FEMMES

Les Religieuses de Sainte-Claire

OU CLARISSES ET CLAIRISTES

Cet ordre (1) fut fondé, en 1212, par sainte Claire, qui reçut l'habit de pénitence des mains de saint François d'Assise lui-même. La règle, établie d'après les instructions dernières données à sainte Claire par le saint, fut approuvée par le pape Grégoire IX.

Le couvent de Béziers, un des plus anciens, remontait à l'année 1240. Il fut institué du vivant de sainte Claire, avec l'autorisation de Bernard V de Cuxac, évêque de cette ville, par le frère Ange de Tancrède, religieux du couvent des Frères Mineurs ou Cordeliers de la ville d'Arles, homme de savoir et doué d'une assez grande éloquence, à la suite d'une brillante prédication faite à Béziers, en 1238. Tout d'abord, il fut bâti hors la ville, comme l'indique une transaction du 5 des kalendes de novembre 1287 passée entre le chapitre de Saint-Aphrodise et les religieuses de Sainte-

(1) Les religieuses de Sainte-Claire ont été appelées à l'origine *Dames damiates*, de saint Damien d'Assise (de *Damiatis assisiatiis*), et *Sœurs minorettes (domus sororum sancti Damiani, sive ordinis sanctæ Claræ, sive sororum minoretarum)*. On donnait le nom de porte des Minorettes à celle par où l'on sortait pour aller à leur couvent, et devenue dans la suite la porte Saint-Guilhem, Saint-Guillaume, des Carmes, etc.

Claire, pour reconnaître et fixer certains droits attachés à des terres attenantes à leur couvent, et confirmée par des lettres patentes de Philippe le Bel, du mois d'août 1288.

Comme le couvent était trop étroit, les sœurs voulurent l'agrandir; cet élargissement ne put se faire que moyennant un échange de terrain appartenant au sacristain du chapitre de Saint-Aphrodise, et pour lequel elles durent lui payer une rente de deux setiers d'orge.

Les religieuses de Sainte-Claire rencontrèrent, en 1671, un annaliste dans le F. Césaire Cambin, récollet de la maison de Béziers, à qui nous devons tout ce que nous savons de l'histoire de ce monastère. On est porté à admettre que leur maison occupait, vers le nord et au levant de la ville, dans une partie du faubourg Saint-Jean, un terrain compris présentement entre la rue de l'Abattoir et d'autres rues adjacentes, au tènement des Pourtanelles, et que traversait en sortant de la ville, ce qu'on appelait jadis le chemin de Magalas ou de Puissalicon. *Fundus confrontatur ex una parte in via qua itur de Biterris versus Magalacium; ex alia in dicto monasterio dictarum sororum minoretarum*, disent les termes de la transaction précitée (1).

Son érection fut confirmée par une ordonnance du 12 octobre 1259 de Raymond IV de Valhauquez, évêque de Béziers. La première abbesse fut la R. M. Marie envoyée à Béziers par Sainte-Claire. C'est à elle que fut adressée une bulle du pape Alexandre IV (5e jour des kalendes de mars 1260) (2), accordant aux religieuses les privilèges les plus étendus. C'est elle qui obtint de Raymond de Valhauquez le corps de saint Guiraud, ancien évêque de Béziers (1121-1123), pour être déposé dans l'église.

Une tradition porte que le roi saint Louis, à son retour de Palestine, en 1254, traversant la Narbonnaise, passa

(1) Annales du couvent de Sainte-Claire, fo 47.

(2) Bulle publiée dans le Bulletin de la Société archéologique, 1re série, tome 2, page 205.

par Béziers, entendit la messe dans l'église de Sainte-Claire, y fonda un obit pour le repos de l'âme de Blanche de Castille, sa mère, laissa pour cet effet une rente de cent sols, payable annuellement et à perpétuité, qui devait servir à l'habillement des sœurs (1), et se déclara *fondateur honoraire* et *bienfaiteur réel* du monastère, en 1255. Une bulle du pape Boniface VIII (5e jour des ides de juin 1296) (2) le proclama exempt de toutes dîmes et contributions imposées ou à imposer par l'ordinaire, les nonces, les rois ou les princes.

En 1355, Edouard, prince de Galles, entra en Languedoc par l'Armagnac et poussa jusqu'aux environs de Béziers. Les habitants affolés, craignant une invasion, détruisirent, par mesure de sûreté et pour fortifier leur ville, le faubourg Saint-Jean, avec les maisons, les couvents des Cordeliers des Ermites de Saint-Augustin, des Clarisses, des religieux de Saint-Antoine, l'église Saint-Jean, autrement dite paroisse de Saint-Saturnin, qu'il renfermait.

Ce ne fut qu'au bout de sept ans de tribulations que les religieuses de Sainte-Claire purent obtenir du pape Urbain V l'autorisation de se fixer à l'intérieur de la ville et de reconstruire leur couvent (1362). On croit qu'elles furent temporairement recueillies dans les bâtiments du cloître de l'abbaye de Saint-Aphrodise où une petite chapelle réservée pour elles leur permit de se livrer à leurs exercices de piété et de dévotion. Le nouveau, comme l'ancien monastère, fut établi dans la paroisse de Saint-Aphrodise (3).

Non seulement le chapitre abandonna en faveur des religieuses tous les droits qu'il avait sur le sol que les consuls avaient acheté pour la reconstruction de leur monastère,

(1) Cette somme qui paraît modique aujourd'hui était suffisante pour fournir le vestiaire à toute une communauté, alors que le setier de blé valait quatre sols et demi et le muid de vin n'excédait pas dix sols.

(2) Bulletin de la Société Archéologique, 1re série, tome 2, page 209.

(3) *Monasterium dictarum sororum situm et fundatum in parrochia ecclesiæ sancti Aphrodisii*, dit leur annaliste.

mais encore il leur accorda tout le terrain nécessaire à l'édification de leur église, ancienne chapelle des Pénitents noirs, devenue la chapelle du pensionnat des Frères des Ecoles chrétiennes. C'était à la condition que le corps de Saint Guiraud, dont il était dépositaire depuis la démolition du monastère, ne leur serait point restitué. Il fut convenu qu'à perpétuité on porterait solennellement le corps saint ou buste de saint Guiraud dans l'église des religieuses, le dimanche dans l'octave des Rois, qu'on s'habitua à célébrer au milieu d'un grand concours de peuple. On y voyait venir en chaperon les consuls que les chanoines en corps allaient recevoir à la porte de l'église et qui, après avoir entendu la messe, étaient reconduits processionnellement par eux à l'église de Saint-Aphrodise (1).

La ville, venant au secours des religieuses, leur fournit une somme de cinq cents livres. La construction fut terminée avec une somme de six cents francs d'or que leur accorda le pape Grégoire XI par une bulle du 15e jour des kalendes de mars 1373, et qu'elles devaient prendre sur les legs pieux du diocèse.

Pendant qu'on construisait le nouveau couvent, les religieuses s'étaient relâchées de la sévérité de la règle. Le soin de ramener la régularité incomba à la sœur Colette, née à Corbie en Picardie. Elle vint d'abord au couvent de Lézignan, au diocèse de Narbonne, où sa réforme fut reçue ; de là, elle fut appelée par les sœurs de Béziers (1444) sous l'épiscopat de Guillaume VIII de Montjoie, de telle sorte que, le couvent ayant été réformé, on y pratiqua à nouveau les austérités de la règle primitive, et il y eut „ autant de saintes que de religieuses „. Sainte Colette partit pour Gand, en Flandre, et elle laissa la conduite et la direction de la maison aux Frères Mineurs (2).

(1) Acte de transaction intervenu entre les sœurs minorettes et le chapitre de Saint-Aphrodise (1364).

(2) Après le départ des Cordeliers, les Récollets devinrent les confesseurs

Le roi Charles VII accorda aux religieuses, par un édit donné à Orléans le 20 juillet 1444 (1), „ un filet d'eau „ dont il était propriétaire à Béziers par confiscation et condamnation à mort de Jean Bétisac, convaincu de crime de lèse-majesté.

Au mois d'octobre 1483, la dame de Lévis, comtesse de Florensac, duchesse d'Uzès et de Crussol, leur donna la seigneurie de Ribaute dans le but d'entretenir deux chapelains chargés du service d'une chapelle dans l'église du monastère et pour laquelle elle avait fait une fondation, mais les habitants du lieu aimèrent mieux se libérer en leur payant une somme de quatre cents livres, avec laquelle fut acheté un champ qui remplit le même objet. Par lettres patentes du 6 avril 1557, le roi Henri II établit en leur faveur une rente annuelle de douze quintaux de poisson salé à prendre sur son domaine de Frontignan (2).

En 1562, les huguenots, supérieurs aux catholiques, s'emparèrent du couvent de Sainte-Claire, le pillèrent, le saccagèrent et chassèrent les religieuses qui ne purent y rentrer qu'après avoir passé quatre ou cinq ans dans le monde et avoir été réduites à une extrême misère. Voulant leur procurer un soulagement, Henri III les exempta de toutes tailles et de tous subsides par un édit donné à Avignon, le 3 janvier 1575 (3).

Catherine de Médicis, mère du roi, à raison de la pau-

ordinaires et extraordinaires des religieuses de Sainte-Claire qui pouvaient les élire à leur gré avec le consentement exprès du procureur général de l'ordre, en vertu du bref du pape Clément XII, du 27 septembre 1737.

(1) Bulletin de la Société Archéologique, 1re série, tome 2, page 212.

(2) Bulletin de la Société Archéologique, 1re série, tome 2, page 216. Ce don fut successivement confirmé par lettres patentes de François II, 16 octobre 1557 ; de Charles IX, 4 mai 1565 ; de Henri III, 24 décembre 1574 et 10 juin 1579 ; de Henri IV, 28 mai 1590 et 11 janvier 1600 ; de Louis XIII, 14 juillet 1610, 20 février 1620, 18 octobre 1631, 27 mai 1640 ; de Louis XIV, 21 décembre 1649, 28 janvier 1659, 21 octobre 1669.

(3) *Ibidem*, page 219.

vreté où les avaient réduites les troubles de son royaume, leur accorda une pension annuelle de quarante livres à prendre sur les revenus qu'elle tirait de sa part de propriété, à titre de comtesse de Lauraguais, des moulins de Bagnols, assis sur la rivière d'Orb.

Catherine, par la grâce de Dieu reyne, de France, mere du Roy, comtesse de Lauragois, etc....., Nous desirant ayder et subvenir de nos moyens les religieuses, abbesse et couvent de Sainte Claire de Beziers, que nous avons entendu estre reduites en grande pauvreté et necessité par le moyen des guerres civiles et troubles qui ont eu cours en ce royaume depuis treize ans en ça et mesmes ez environs dud. Beziers, et leur donner moyen de vivre et s'entretenir, et de vacquer toujours avec plus grande assiduité au service de Dieu, a icelles religieuses, abbesse et couvent de Sainte Claire de Beziers, en faveur, pitié, charité et aumosne, et affin que nous soyons d'autant plus participants a leurs prieres et oraisons, que nous savons estre très devotieuses, Avons donné et octroyé et aumosné, donnons, octroyons et aumosnons par ces presentes, signées de nostre main, la somme de quarante livres tournois par chascun an, et icelle avoir et prendre sur le revenu ordinaire de nos moulins de Bagnols, assis sur la rivière d'Orp, pres dud. Beziers, deppendans de nostred. comté de Lauragois.....

Donné à Avignon le 1er jour de janvier, l'an de grâce 1575..... (1).

Comme cette somme ne leur procurait qu'un très petit avantage, et qu'elles demandaient qu'elle fût convertie „ en une quantité de froment „, la reine, par nouvelles lettres patentes du 6 mai 1579, leur donna la quantité de „ vingt setiers de blé froment de revenu par chacun an, à prendre sur le revenu de sesd. moulins dud. Beziers, et moyennant icelle aumosne cessera le don et octroy desd. quarante livres en argent de revenu par chascun an „ (2), jusqu'à ce que cette rente fût convertie en celle de vingt écus sol par d'autres lettres patentes du 16 décembre 1583 (3), et ces vingt écus

(1) Annales du couvent de Sainte-Claire, f° 123.

(2) *Ibidem*, f°s 122 et 123.

(3) Bulletin de la Société Archéologique, 1re série, tome 2, page 217.

sol représentaient en ce temps-là soixante-cinq livres, un écu sol valant 3 livres cinq deniers.

Le couvent eut beaucoup à souffrir des suites de l'épidémie de 1590. On y avait établi un hôpital pour les pestiférés. Les religieuses furent chassées et tout ce que renfermait la maison devint la proie des dilapidateurs. Un jour vint où il leur fut permis de rentrer en possession de leur couvent, mais cette dispersion avait nui à la règle. Nouveau relâchement, nécessité d'une nouvelle réforme. Il n'y avait plus une sainte Colette. On fit venir du monastère de Sainte-Claire d'Arles, où la règle primitive avait toujours été observée, quatre ou cinq religieuses à la tête desquelles se trouvait la R[de] Mère Catherine d'Antonelle, reconnue comme abbesse légitime. Celle-ci établit, en 1613, une réforme solide et complète (1). La régle primitive fut reprise et rigoureusement observée. Saint François d'Assise avait donné aux religieuses une forme de vie en douze chapitres. Sainte Colette fit observer à la lettre la règle de saint François aux monastères qui embrassèrent sa réforme. Comme elle était trop rigoureuse pour des femmes, le pape Eugène IV déclara qu'elles ne seraient obligées, sous peine de péché mortel, à aucun point de leur règle, sinon en ce qui concernait les vœux essentiels de pauvreté, d'obéissance, de chasteté, de clôture, en ce qui regardait l'élection et la déposition de l'abbesse, et qu'elles ne garderaient pas d'autres jeûnes que ceux auxquels les Frères Mineurs étaient obligés, tandis qu'elles jeûnaient tous les jours, excepté les dimanches et la fête de Noël, où elles pouvaient faire deux repas.

Les religieuses de Sainte-Claire avaient pour habillement une robe ceinte avec une corde blanche à plusieurs nœuds, un manteau, un voile noir et des soques ou sandales aux

(1) Annales du couvent de S. C.

pieds. Elles élisaient leur abbesse tous les trois ans (1). Parmi les religieuses revêtues de cette dignité, on rencontre deux fois le nom de la révérende mère Agnès de la Croix, de Fléchier, sœur de l'évêque de Nîmes. Le couvent la posséda pendant plus de quarante ans (1652-1693). Elle a laissé une *Relation* (1) qui fait connaître à fond la vie intérieure du couvent et dont nous allons donner un résumé.

Le couvent possédait une relique de sainte Claire dont l'attouchement produisait des guérisons miraculeuses. La sainte Vierge avait, dans le dortoir même, un autel particulier, qu'on nommait " Autel de l'Affiliation ", avec un

(1) L'élection de l'abbesse et des autres officières se faisait sous la présidence du P. provincial des Récollets, assisté de son secrétaire, d'un définiteur, du gardien du couvent de Béziers et du confesseur ordinaire, par les sœurs capitulairement assemblées dans le chœur.

Pour le noviciat, il durait un an. Quand une religieuse était admise à faire une profession, l'abbesse avertissait l'évêque qui déléguait son vicaire général pour procéder à l'examen de la jeune novice, avant de recevoir sa profession, conformément au Concile de Trente et à la déclaration du roi. Voici un procès-verbal de réception : « Nous, soussigné, vicaire général de Mgr l'évêque de Béziers, après avoir parlé à l'abbesse et à la mère-maîtresse des novices, en particulier, aurions fait venir la jeune novice et lui aurions demandé si elle avoit bien réfléchi sur la démarche qu'elle alloit faire et sur les engagements qu'elle alloit contracter ; si ses parents ne s'étoient pas servi de menaces ni de sollicitations pour la porter à embrasser cet état ; si elle n'y avoit pas été engagée par quelque parente ou amie qu'elle eût dans le monastère, et si elle se sentoit assez forte pour observer exactement tous les devoirs de cet état. Sur quoy elle nous a répondu qu'elle avoit mûrement réfléchi sur l'état qu'elle alloit embrasser, qu'elle en connaissoit tous les devoirs, qu'elle espéroit, avec la grace de Dieu, de les observer, et qu'elle ne prenoit le parti du cloistre que de sa pleine liberté et pour servir Dieu d'une manière plus parfaite. De quoy nous ayant demandé acte, nous luy avons donné le présent, que nous avons signé avec lad. novice, la mère abbesse et la maîtresse des novices. A Béziers, le 27e mai 1771. *Signé* : Ricard, v. gl ; Sr Marie de Saint-Antoine Martin, abbesse ; Sr Marie du Sacré Cœur-de-Jésus Maineau, mère des novices, Sr Marie-Elisabeth-de-la-Providence Barthélémi. »

(2) Le titre véritable est celui-ci : Relation des Observances et de la manière de vie des Religieuses de Sainte-Claire, adressée à M. de Nismes, avant son épiscopat, par Madame sa sœur, religieuse de Sainte-Claire, dans le monastère de Béziers.

tableau où l'on voyait d'un côté la sainte Vierge aux pieds de la croix, et de l'autre les Religieuses de la Communauté venant à elle comme à leur mère. On l'avait en grande vénération, on se plaisait à l'orner ; on y allumait tous les jours des cierges ; une lampe à huile y brûlait nuit et jour par suite de libéralités particulières ; on allait y faire, à toutes les heures du jour, quelque dévotion pour renouveler sa ferveur. A minuit, les sœurs se levaient pour dire Matines au chœur. Après Matines, une longue oraison les retenait jusqu'à deux heures. De deux à six heures, il leur était permis de se coucher. A six heures, retour au chœur, oraisons nouvelles, prime et tierce, messe conventuelle et sexte, ce qui durait jusqu'à huit heures, et l'on se rendait à l'ouvroir où chacune s'attachait à un travail de mains, entremêlé de lectures et d'entretiens religieux. A dix heures, on sonnait l'office de none. Au sortir du chœur, on se rendait au réfectoire. Ici, les plus ordinaires mortifications étaient de baiser les pieds des religieuses, de porter la croix sur les épaules, de demander l'aumône, de dire ses fautes, de faire amende honorable devant la communauté pour la mauvaise édification que l'on avait donnée, de prendre la discipline dans un lieu fermé et destiné pour cela. D'ailleurs, la discipline se pratiquait en commun tous les vendredis. Après le dîner composé invariablement d'œufs, d'anchois, de potage et de quelque fruit de la saison, grâces, litanies et autres prières, la supérieure aussi bien que les autres, s'occupaient de laver la vaisselle tout en récitant des prières ordonnées pour cela et appelées les *Suffrages de la vaisselle.* Puis venait la récréation. De midi à une heure chacune était libre de son temps. A une heure on rentrait à l'ouvroir. A deux heures, méditation jusqu'à trois heures. Alors vêpres et complies. A cinq heures, collation composée d'une salade, d'un œuf et d'un peu de fruits, et lecture du martyrologe du lendemain. A partir de ce moment, on affectait de ne plus faire aucun bruit ; on avait des soques qu'on appelait de silence, avec lesquelles on marchait sans être entendu. On revenait au chœur à sept heures, et ce qui restait de temps jusqu'à huit heures on le passait, en hiver, à se chauffer, en été, à faire un tour de jardin pour se délasser. A huit heures, prière au chœur, et puis au lit. On s'étendait sur des couchettes d'environ trois pieds et demi de largeur et six à sept de longueur, sans pieds, et toutes également garnies d'une paillasse fort dure " qu'on ne remuait et changeait ordinairement que tous les quinze ans, avec un coussin de paille, les couvertures nécessaires et un petit ais pour empêcher que la lumière n'incommodât pas. „

Les religieuses de Sainte-Claire comptèrent des bienfaiteurs parmi les papes, les rois, les évêques et les gens du monde. Est-il nécessaire de rappeler les privilèges contenus dans la bulle du pape Alexandre IV, ou les faveurs émanant des rois Saint-Louis, Charles VII, Henri II, Henri III, des reines Catherine de Médécis et de Marguerite de Valois ? Quant aux évêques, disons que Bernard V de Cuxac les autorisa, que Raymond IV de Valhauquez les protégea et leur accorda des lettres patentes avec de grands privilèges. Hugues de la Judie leur donna 500 florins pour construire un nouveau couvent. Jean de Bonsy fit établir par ses soins la réforme et les mit par un bref sous la conduite des P.P. Récollets. Clément de Bonsy avait beaucoup fait pour obtenir la cessation de la peste en 1652, et leur église possédait un tableau où l'on voyait le prélat au pied d'un crucifix et intercédant pour ses ouailles. Pierre de Bonsy, cardinal archevêque de Toulouse, et puis de Narbonne, leur envoya tous les ans une somme considérable. Elles eurent aussi part aux libéralités de Mgr des Alris de Rousset. Ce n'est pas que nous n'en pussions citer un plus grand nombre, et nous devons regretter, avec l'annaliste F. Césaire Cambin, d'être empêché de le faire par perte de documents.

Ces religieuses reçurent maintes autres libéralités. Bérenger de Somo, seigneur de Puisserguier, leur donna, en 1283, tout le sol où avait été bâti l'ancien couvent. Jacques de Bourbon, duc de Montpensier, comte de Castres, roi des Deux-Siciles, mort à Besançon le 24 septembre 1438, sous l'habit de Cordelier, leur laissa une somme de 60 écus d'or, ainsi qu'à tous les couvents de son ordre existant en France. En 1507, Me Jean de Plantavit et Jeanne, son épouse, se chargèrent des demi-lods et censes dus au chapitre de Saint-Aphrodise pour l'acquisition de leur jardin. En 1566, Mme de Joyeuse leur donna de fortes sommes d'argent. Le Parlement de Toulouse, la Cour de Montpellier, celle de Béziers leur adjugeaient le montant des amendes. L'assiette du diocèse leur faisait un don annuel. La maréchale de Schomberg, comtesse d'Halluin, aimait à les visiter et se plaisait à les appeler " ses filles ". Elle fut leur protectrice auprès des Etats de la province, qui leur accordèrent des secours suffisants pour achever le " lambris " de leur église " laquelle est, en sa manière, la plus belle qu'on voit à Béziers ". L'abbesse Cécile d'Alemand contribua beaucoup à son ornementation. Mme d'Arnoye donna les chandeliers du sanctuaire et Me Boutes, un tableau du noviciat. En 1620, la sœur Françoise de Saint-Aignan, jadis dame de la Gastine, native de Pauillac-Saint-Héren, en Auvergne, laissa une somme de 19.000 livres. M. De Lort, de Sérignan, gouverneur de Ham, en Picardie, fut leur bienfaiteur. M. de Saissan de Gautier, capitaine-général au royaume d'Espagne et frère de la R. M. de Gautier, leur légua, avec mille livres, son cœur que des raisons d'Etat empêchèrent de faire porter de Madrid. Louis Le Compte, son ami, leur fit don d'un réveil-horloge du prix de 400 livres qu'il acheta en Angleterre et qui fut d'un grand soulagement pour la sœur chargée par son office d'éveiller régulièrement la communauté à minuit pour les matines.

En 1780, M. de Boussanelle, brigadier des armées du

roi, parrain d'une cloche dont la marraine était Mme de Saissan, baronne de Villenouvette, leur offrit les bustes de saint Augustin et de saint Thomas. Longue serait la liste des personnes pieuses de toute condition, qui, en mourant, leur laissèrent des sommes ou des rentes pour satisfaire à des fondations de messes, tant on aimait à se recommander à leurs prières.

Mme de Caylus de Bonsy, sœur du cardinal de ce nom, fut enterrée en 1721, dans leur église, où on lui éleva un magnifique mausolée avec ses armes, ainsi que Louis de Villerase, sieur de la Canague, qui s'occupa, pendant plus de trente ans, des affaires du monastère.

Les religieuses de Sainte-Claire avaient un grand champ près de leur ancien monastère, une vigne au tènement de Belvésé (chemin de Béziers à Corneilhan), des terres aux quartiers de Saint-Vincent et de Garrissou, à Montadi, à Capestang, à Cessenon, un bois près de Béziers et des petites maisons dans la ville dont elles tiraient des rentes.

CATALOGUE DES ABBESSES

Marie. — 1240.
Eygline de Ceyras. — 1287.
Gassende de Barthélemi. — 1363.
Sainte Colette. — 1444.
Françoise de Bonamy. -- 1491, 1509, 1512, 1518.
Alix de Serres. — 1530.
Béatrix du Caylar. — 1541.
Catherine de Faulquier. — 1554, 1568, 1571.
Marie Lenoir. — 1573.
Claire d'Ajac. — 1577.
Isabelle de Pradines. — 1580.
Jeanne Maïlharde. — 1586.
Isabelle de Pradines (2e fois). — 1589.
Isabelle de Dones. — 1594.

Isabelle de Pradines (3e fois) 1598.
— (4e fois). — 1602.
Marie Lenoir (2e fois). — 1605.
Antoinette des Oursières. — 1607.
Colette Bretonne. — 1610.
Catherine d'Antonelle. — 1613, 1616, 1619, 1622, 1626.
Françoise de Paliers. — 1629.
Rose de Falcon. — 1633.
Cécile d'Alemand. — 1635.
Victoire d'Antonelle. — 1638.
Cécile d'Alemand (2e fois). — 1642.
Victoire d'Antonelle (2e fois). — 1645.
Jeanne de Bernardy. — 1648.
Victoire d'Antonelle (3e fois). — 1651.
— (4e fois). — 1654.
Thérèse d'Antonelle. — 1658.
Victoire d'Antonelle (5e fois). — 1661.
— (6e fois). — 1664.
Françoise de Lacan. — 1665.
Thérèse d'Antonelle (2e fois). — 1668.
Catherine de Bézard. — 1671.
Thérèse d'Antonelle (3e fois). — 1674.
Françoise de Lacan (2e fois). — 1677.
Catherine de Bézard (2e fois). — 1680.
Françoise de Lacan (3e fois). — 1683.
Agnès de Fléchier. — 1686.
Angélique de Cazalèdes. — 1689.
Agnès de Fléchier (2e fois). — 1692.
Catherine de Bézard (3e fois). — 1693.
Claire de Sorgues. — 1696.
— (réélue). — 1699.
Séraphine de Maffre. — 1703.
Marie d'Isard. — 1706.
Agnès d'Autrivai. — 1709.
Thérèse de Gautier. — 1711.

Séraphine de Maffre (2e fois). — 1714.
Thérèse de Gauthier (2e fois). — 1717.
Marie de Verdéry. — 1721.
Thérèse de Gautier (3e fois). — 1723.
Séraphine de Maffre (3e fois). — 1726.
Thérèse de Gautier (4e fois). — 1729.
Marie de Fajon. — 1732.
Thérèse de Gautier (5e fois). — 1735.
— (confirmée). — 1738.
Marie de Fajon (2e fois). — 1741.
Ursule de Pian. — 1743.
Aphrodise de Bort. — 1746.
Marie de Faulquier. — 1749.
Catherine de Malbon. — 1751.
Marie de Bort. — 1754.
Marie Bailheron. — 1757.
Marie-Jeanne Verdéry. — 1760.
Marie Martin. — 1763.
Marie Bonnet. — 1766.
Marie-Jeanne Verdéry (2e fois). — 1769.
Marie Martin (2e fois). — 1769.
Marie Trignan. — 1773.
Marie Ardisson. — 1776.
Marie Satgier. — 1779.
Marie Trignan (2e fois). — 1782.
Marie Boudon. — 1785.
Marie de Saint-Macaire. — 1788.

Les religieuses de Sainte-Claire ont été rétablies le 5 avril 1819, et elles habitent une maison de la rue Bel-Air, non loin de leur établissement primitif.

Elles n'ont pas cessé d'être en grande vénération dans le quartier du Capnau, où le tintement de leur cloche, à minuit, excite un pieux réveil. Le 12 août, fête du couvent, la population afflue à leur chapelle, qui attire aussi beaucoup de monde le jour de la fête de la Portioncule, qui se célèbre le 20 août.

Leur église, restaurée et agrandie en 1864-1865, conserve une haute statue de Sainte-Claire dont le socle porte la date de 1788, et ayant figuré probablement dans celle de l'ancien couvent.

La prospérité de la maison lui a permis d'envoyer le 28 février 1858, quelques sœurs fonder un second couvent à Toulouse.

Les Religieuses du Saint-Esprit

L'origine du monastère des dames du Saint-Esprit nous reporte vers la fin du XIIIe siècle, sous l'épiscopat de Bérenger III de Frédol. Prenant le nom d'abbaye, il était devenu à la fin un lieu de retraite pour des chanoinesses choisies parmi des filles nobles sans fortune; mais au commencement, le service d'un hôpital avait été le but de son institution.

Le pape Boniface VIII et le roi Philippe IV le Bel en confirmèrent la fondation (1299-1300). Bertrand de Goth, élu pape sous le nom de Clément V, passant à Béziers, donna „ lan premier de son pontificat et le 3 des kalendes de may„ une bulle pour son établissement (1305). On lui unit un hôpital construit sur la rive gauche de l'Orb, dans le faubourg du Pont (1), et bâti en 1290 par l'évêque Pons de

(1) *Gallia Christiana*, T. 6 (édit. de 1739) ; Instrumenta, page 160. — Une délibération du conseil de ville du 13 octobre 1737 mentionne des titres établissant que toutes les maisons du côté droit du faubourg en descendant

Saint-Just qui avait créé pour son entretien les chapellenies de Corneilhan (1) et de Lux, comme Bérenger III de Frédol donna pour l'entretien des religieuses du monastère „ ce qui consistait en droits et revenus qui appartenaient aux esglises de Porcairaignes ou Portiragnes (2) et de Poussan, reseruée la portion congrue du vicaire perpetuel constituée en icelles. Considerant Messire Berenger, cardinal et euesque de Beziers, et le chapitre de lesglise cathedrale, capitulairement assemblé, que jadis Messire Pons de Saint Just, euesque aussi de Beziers, a lhonneur de Dieu et de son esglise, et pour le bon estat de ladite ville et diocese, il auoit fait bastir aux faubourgs dicelle, au bout du pont d'Orb, un beau et somptueux hospital pour les pauures malades; considerant aussi ledit seigneur euesque Berenger et le chapitre susdit que dans la ville de Béziers il ny auoit quun seul monastere de filles, sçauoir celuy de Sainte-Claire viuant de pauureté et de queste, et quen ajoutant un peu plus de reuenu et de vestement on pourroit proche ledit hospital y faire un monastere pour la commodité et utilité dudit hospital et des pauures, comme ils en auroient communiqué avec le pape Boniface VIII, ils auroient deliberé

de la ville vers le pont par Cantherelles ainsi que les feratjals situés sous les murs de Cantherelles et de l'évêché relevaient de la directe de l'abbesse.

(1) Unie en 1355 à l'abbaye des Filles du Saint-Esprit de Béziers, l'église de Corneilhan n'a pas cessé de lui appartenir jusqu'en 1790. Aux XVIe et XVIIe siècles, cette paroisse était desservie par trois prêtres, dont le vicaire perpétuel et deux secondaires, vivant tous les trois de la vie de communauté, célébrant une messe haute tous les jours, le dimanche deux, et récitant au chœur toutes les heures canoniales. Le vicaire perpétuel était institué sur la présentation de l'abbesse. Les secondaires étaient choisis par le vicaire perpétuel parmi les prêtres approuvés.

(Visites pastorales. — Voir *Semaine religieuse de Montpellier*, samedi 22 octobre 1887).

(2) Jusqu'à la Révolution, Portiragnes fut un prieuré dépendant de la mense de l'abbaye des filles du Saint-Esprit. Le vicaire perpétuel ou curé était institué sur la présentation du précepteur du chapitre cathédral. Semaine religieuse de Montpellier, 21 avril 1883.

et ordonné de construire aud. lieu un beau monastere à lhonneur de Dieu tout puissant et de la sainte Vierge ; leuesque donne toutes les rentes de lesglise de Poussan, pres Béziers, et de Portiraignes, avec condoumines et riuages pour la nourriture et lentretien des sœurs. „ C'est alors qu'on régla l'état intérieur de la communauté et qu'on porta le nombre des membres de vingt-quatre à trente, avec deux ou trois converses pour le service. Les religieuses devaient porter le nom de Chanoinesses de Saint-Nazaire, dire l'office comme il se disait dans l'église de Béziers, observer dans leur monastère, sous la clôture perpétuelle, la règle de Saint-Augustin, porter un costume blanc pour „ marque de leur virginité et continence qu'elles garderont, „ et un voile blanc avec une croix rouge en mémoire de Jésus crucifié „ au service duquel elles se sont dévouées, „ user avec modération de viande ou „ faire abstinence de carême selon le temps, „ garder le silence en temps ordonné, et pendant qu'elles seraient en bonne santé, manger dans un commun réfectoire, dormir dans un commun dortoir, et en toute chose vivre suivant la règle prescrite.

L'administration des biens temporels devait être confiée par l'évêque à un commandeur chargé de pourvoir aux vivres, aux vêtements et aux autres choses nécessaires. L'abbesse était établie et destituée par l'évêque et le chapitre qui présidaient à la réception des sœurs. Ce que chacune d'elles apportait en entrant revenait après leur mort aux pauvres de l'hôpital. L'abbesse ne pouvait pas être nommée si elle n'était pas âgée de trente ans (2).

Elle faisait une profession de foi religieuse entre les mains des grands vicaires et des chanoines, dans la chapelle du Crucifix de l'église Saint-Nazaire. Elle promettait à Dieu, à l'évêque de Béziers, à ses successeurs, à tous ceux à qui serait commis le gouvernement du monastère, de

(2) Règlement fait et ratifié par l'évêque le 2 des ides d'octobre 1305.

vivre en observant la règle „ dudit monastère et de tenir trois choses essentielles de la religion : sçauoir, obeissance, pauureté sans auoir aucun bien de propre, et chasteté moyennant laide de Dieu. „ Quand il s'agissait de l'élire, chaque religieuse donnait en particulier et en secret, aux grands vicaires et aux chanoines, le nom de celle qu'elle voulait pour abbesse. La nomination était confirmée par ces souverains ecclésiastiques. Puis la nouvelle abbesse " prestoit serment entre leurs mains, les siennes posées sur un missel, de procurer les choses utiles dud. monastère et deuiter les inutiles, de faire bien faire le seruice diuin et d'obseruer la regle prescrite, de garder l'honnêteté et la clôture, de tenir les chapitres et de faire toutes les autres choses accoutumées. Puis on l'accompagnait à la chaire abbatiale pour lui en faire prendre possession ; pendant qu'elle s'y tenait assise, toutes les religieuses, l'une après l'autre, lui présentaient le serment, tenant leurs mains sur un missel placé entre les mains de l'abbesse, de lui rendre „ reuerence, obéissance, honneur „ et de lui révéler ce qu'elles sauraient ou découvriraient de mauvais contre sa personne et le monastère ; puis les grands vicaires lui remettaient les clefs de la maison et la cérémonie se terminait par la célébration d'une messe du Saint-Esprit.

Il arriva un temps que le monastère des religieuses du Saint-Esprit fut déplacé et définitivement transféré dans l'intérieur de la ville où il occupa, non loin de l'église Sainte-Madeleine, un espace circonscrit par les rues des Têtes, des Bains et de Saint-Aphrodise, dans un terrain contigu à celui sur lequel s'élèvera un jour la maison du Refuge. Ce fut probablement après les grandes invasions anglaises de 1355 qui forcèrent toutes les villes du Midi à détruire leurs faubourgs.

Par suite d'une mauvaise administration, en 1597, le monastère était tombé en décadence et le nombre des religieuses était réduit à trois. Peu s'en fallut qu'il ne devint la propriété de deux ordres religieux qui le convoitaient. Les Jésuites le demandaient pour l'établissement du collège qu'ils avaient été autorisés à fonder et les Frères Prêcheurs le réclamaient en échange de leur ancienne maison employée à la construction d'une citadelle. Les premiers même, en compensation, offraient de payer une somme annuelle de douze livres „ au seminaire que l'euesque auait deliberé d'etablir en lad. ville pour seruir a lentretenement de douze pauures enffans qui seront en icelluy nourris, entretenus et enseignez aux bonnes lettres, comme aussi la pension des trois religieuses, mais leur vie durant seulement, dans quelque monastere quelles fussent transferées „. L'affaire s'annonçait presque comme devant réussir. Le pape Clément VIII consulté, par un rescrit du 3 août 1593, avait donné à Thomas de Bonsy, évêque de Béziers, „ pouvoir et authorité de transferer les religieuses du Saint-Esprit a quelque autre monastere du meme ordre ou de different ordre viuant en clôture et de donner le monastere et reuenu dicelluy pour un college de Jesuites ou de Clercs reguliers Theatins, utiles au public „. Mais l'évêque de Béziers fut débouté du précédent rescrit par sentence du métropolitain de Narbonne, du 7 août 1602. Le conseil privé du roi, par un arrêt du 14 avril 1611, se prononça pour le maintien du monastère du Saint-Esprit contre l'évêque et les Jésuites.

Ceux-ci déclarèrent renoncer à toutes leurs prétentions dans un accord passé le 18 août 1614 avec dame Marie du Caylar d'Espondeilhan, abbesse du monastère qui continua d'être habité par des chanoinesses jusqu'à la Révolution où il fut transformé en une fabrique de salpêtre et puis vendu nationalement.

Les religieuses du Saint-Esprit, par suite de donations, de legs, ou autrement, possédèrent des biens consistant en maisons et terres de la Grange basse, vignes ou olivettes situées en divers endroits du terroir de la ville de Béziers (1), aux tènements de Limbardié, de Poussan-le-Bas, de la Roudounière ou de Notre-Dame de Consolation, pour lesquels elles eurent des procès à soutenir avec les consuls qui voulaient les assujettir au paiement des tailles, ne les considérant pas comme biens ecclésiastiques nobles.

CATALOGUE DES ABBESSES

Genses. — 1322.
Olive Barreyre. — 1357.
Marquise d'Alais (décédée). — 1373.
Alasacie (élue). — 1373.
Adélaïde Morle. — 1394-1399.
Philippine Astrebonne. — 1425.
Catherine Guitarde (démissionnaire). — 1453.
Jeanne de Cluys (élue). — 1453.
Françoise de Neufville. — (?)
Jeanne de Cluys. — 1509.
Catherine de Brignac. — 1509.
Jeanne d'Arnoye. — 1550.
Françoise de Plantavit de Villeneuve. — 1578.
Marie du Caylar d'Espondeilhan. — 1612.
Marthe de Lale. — 1660.
Gabrielle de Lort de Sérignan. — 1665.
Charlotte du Caylar. — 1709.
Isabelle de Martigni. — 1710.
Noble de Bausset-Roquefort. — 1761 (2).
Noble de Cabrerolles. — 1767-1790.

(1) Elles avaient hérité de tous les biens de Françoise Bouffard, au tènement de Raïssau (acte du 24 janvier 1367); — elles en firent vente aux consuls de Béziers (acte du 29 avril 1372).

(2) En 1767 et le 9 mai, décéda madame Rose de Bausset de Roquefort, sœur de Mgr l'évêque de Bausset de Roquefort, abbesse du Saint-Esprit. Il fallut nommer provisoirement une prieure pour régir et administrer tant les affaires spirituelles que temporelles de l'abbaye, dans le temps de la vacance. Mre Jean de Gros, précenteur, accompagné de Mre Ricard, vicaire

Les Religieuses de Sainte-Ursule

OU URSULINES

Il s'est formé sous l'invocation de Sainte-Ursule un grand nombre d'établissements religieux pour l'éducation des jeunes filles.

C'est au XVIe siècle que remonte l'origine de l'institut des Ursulines. Angèle de Mérici, originaire de Brescia, fut leur fondatrice. Elle forma dans sa ville natale une société de jeunes filles, dont le temps et les exercices de charité étaient employés à soulager les pauvres, visiter les hôpitaux, servir les malades, consoler les affligés. Cette communauté, placée dès l'origine sous la protection de sainte Ursule, vivait dans le monde et le peuple l'appelait la *divine compagnie*, dénomination qui indique la haute estime qu'on faisait des services et de la piété de ses membres.

général, se transporta dans le monastère de la dite abbaye, parla à toute la communauté en particulier, et après avoir imploré l'assistance du Saint-Esprit, source de toute lumière, par les prières accoutumées, il se rendit suivi de Mres Ricard et Debosque, chanoines de l'église cathédrale, députés du chapitre selon l'usage, dans la salle capitulaire, où toutes les religieuses étaient assemblées capitulairement, au nombre de quinze vocales, et après le discours fait par Mre Jean de Gros, il fut procédé à la dite élection par billets secrets et de suite a été élue à la pluralité des suffrages Mme Claire de Torches de la Serre, pour prieure de la dite abbaye pendant tout le temps de la vacance, et la dite élection ainsi canoniquement faite et acceptée par la dite Dme de la Serre, Mre Jean de Gros l'a approuvée, autorisée et confirmée en tant que de besoin ; de suite les deux plus anciennes religieuses ont conduit la dite Dme de la Serre à la place de la supérieure, et ayant entonné le *Te Deum*, lui ont donné le baiser de paix.

Quand l'abbesse mourait, on nommait immédiatement par l'élection une prieure pour régir et administrer les affaires spirituelles et temporelles de l'abbaye. — *(Registre du secrétariat de l'évêché, page 99).*

Le pape Grégoire XIII érigea les Ursulines en ordre religieux en 1572 et les soumit à la règle de saint Augustin et à la vie claustrale. Leur habillement consistait en une robe de serge noire à manches larges, un manteau noir traînant à terre, un voile de toile noire doublée en dedans d'une toile blanche de lin et un autre de toile noire claire qu'elles devaient abaisser quand elles parlaient à quelqu'un, une guimpe blanche, une ceinture de cuir avec une boucle de fer.

Aux trois vœux solennels ordinaires, de pauvreté, d'obéissance et de chasteté, elles en ajoutaient un quatrième, celui d'instruire les jeunes filles.

Le nombre de leurs maisons s'accrut d'une manière merveilleuse et s'étendit non seulement en France (1), en Allemagne, dans les Pays-Bas, mais encore jusqu'en Amérique. Elles formaient plusieurs congrégations outre celle de Paris. Le monastère de Béziers appartint à la congrégation de Toulouse, fondée en 1604 par Marguerite de Vigier, fille d'un marchand de la ville de l'Isle, sous l'archevêque François de Joyeuse.

A l'origine, elles se confondirent avec les religieuses de Notre-Dame, et puis elles s'en séparèrent pour changement de règle. Clément de Bonsy, évêque de Béziers, les établit sur la paroisse Sainte-Madeleine.

Mlle de Bassoul les désigna pour héritières et leur laissa sa maison à la charge de fonder un couvent, de nourrir et d'élever sept jeunes filles jusqu'à ce qu'elles fussent en âge d'entrer en service.

Le conseil général de la commune fit autoriser leur établissement (1628) (2) et leur couvent, „ sis dans l'enclos de la ville et au bourg de la Madeleine, confrontant de terral

(1) Au moment de la Révolution, l'institut comptait en France près de sept mille religieuses réparties dans trois cents maisons.

(2) Délibérations des 2 et 15 novembre 1628.

les Pénitents blancs, » s'éleva dans cette impasse qui a retenu le nom de Sainte-Ursule.

Françoise Delacroix, veuve de Jean Alfau, leur fit un don ultérieur de dix-sept cent quarante-cinq livres que lui devait la communauté de Béziers.

Elles avaient des classes ouvertes pour des filles externes. Les dimanches et les jours de fêtes, elles s'employaient à l'instruction des servantes et des gens de métier qui ne pouvaient pas venir à leurs classes.

Le goût de la vie ascétique se propagea par leur action et leur douce influence ; des vocations religieuses se manifestèrent ; des demoiselles distinguées par leur naissance préféraient aux vanités du monde l'humble voile de Sainte-Ursule. Voici des noms locaux que l'on découvre sur le catalogue des prieures ou des sous-prieures : Jeanne de Maureilhan (s[r] Saint-Charles), Thérèse de Rouzaud (s[r] Saint-Régis), Raymonde Roubes (s[r] Sainte-Ursule), Marie-Anne de Rey (s[r] Sainte-Madeleine), Claire d'Hémoin (s[r] Saint-Louis), Catherine de Rascas (s[r] Saint-Xavier), Claire de Bernard (s[r] de la Visitation), Jeanne de Marmiesse (s[r] Saint-Pierre), Rose de Teisserenc (s[r] Saint-Jérôme), Anne d'Henri (s[r] Saint-Joseph), Marie de Bonnefons (s[r] Saint-Jean), Marguerite de Maussac (s[r] du Saint-Sacrement).

La maison était insuffisante, soit pour les religieuses, soit pour les quatre classes de filles qu'elles instruisaient (1). Les chambres contenaient trois et même quatre lits. Ce n'était d'ailleurs qu'une maison particulière qui ne pouvait point servir pour leurs exercices. Leur intention était de la démolir de fond en comble et de la reconstruire. En vue d'une meilleure installation, elles avaient annexé à leur demeure une maison acquise par échange. Les consuls n'acceptèrent pas l'allivrement de leur immeuble fait en 1641, ni celui de 1635, et ils exigèrent les arrérages des tailles de

(1) La communauté se composait à cette époque de vingt-une religieuses, trois novices et dix-sept pensionnaires.

six années antérieures. D'où un procès porté devant la cour des comptes, aides et finances de Montpellier, qui déchargea „ lesd. religieuses des impositions mises sur lesd. maison, basse cour, patus, jardin, puits et moitiè d'autre puits par elles acquis desd. damoiselle Marguerite Degon et sieur François Dumas, mère et fils, par contrat du 23 mars 1633, destinés au logement desd. religieuses, esglise et classes de leur monastère, ou ce qui se trouvera d'icelle maison et ses dépendances employé ou servant aud. usage, suivant la veriffication qui en sera faite pardevant le commissaire sur ce a depputer, lesquels maisons, basse-cour, patus, jardin, puits et moitié d'autre puits la dite cour a declaré et declare quittes, exempts et immunes de toutes tailles et impositions qui se feront à l'avenir aud. Beziers, tant et si longtemps qu'ils serviront à l'usage susdit; faisant deffance auxdits consuls de, pour raison de ce, les comprendre en leursdites impositions, a peyne de cinq cens livres d'amende et autre arbitraire; et, faisant droit à la requeste desd. consuls, a condempné et condempne lesd. religieuses a leur payer dans quinzaine les arrerages des tailles par elles deues pour raison de leurs autres biens, depuis l'année 1635 jusques a present..... Fait et prononcé à Montpellier, en la cour des comptes, aides et finances, le 9e de mai 1642 (1) „. D'ailleurs, lorsqu'en 1628, elles demandèrent aux consuls de fonder un couvent, elles s'engagèrent à payer à perpétuité les tailles des biens à elles données (2).

La communauté du monastère de Sainte-Ursule, soit par des dons particuliers, soit par l'apport des religieuses, était entrée en possession d'un capital représenté par des contrats dont la plupart reposaient sur la ville de Béziers. Une réduction de rentes faite en 1720 la jeta dans un grand état de gêne, et elle ne trouva de moyens de subsistance que dans

(1) Registre de Omnibus, tome 4, fo 119.

(2) Délibérations du conseil de Trente, des 2 et 15 novembre 1628.

la libéralité de l'évêque et dans des remboursements que le prélat lui fit faire.

La somme de cinq mille trois cent trente-huit livres, due par la communauté de Béziers, et dont la rente avait été réduite à deux pour cent, procédait de contrats à jour, et on pouvait en demander le remboursement immédiat. Grand aurait été l'embarras de la ville si on l'eût exigé. Les religieuses de Sainte-Ursule aimèrent mieux accepter une constitution de rente à condition que la ville la rétablirait à quatre et demi pour cent, comme cela avait été fait pour les dames de Sainte-Marie et de l'Hôpital Mage, ses créancières au même titre, avec l'agrément de l'intendant. Ce petit secours joint à la pension accordée par le roi les faisait subsister sans diminution du capital, lorsqu'un arrêt du conseil d'Etat du 22 janvier 1737 ordonna que les intérêts payés par les communautés au-delà du denier cinquante seraient imputés sur les capitaux, et la ville refusa de payer sur un plus haut pied que le denier cinquante.

Les religieuses se plaignirent de cette réduction à M. de Bernage Saint-Maurice, intendant du Languedoc, et présentèrent une requête pour demander le rétablissement des intérêts au taux de quatre et demi pour cent conformément au contrat consenti en leur faveur le 26 juillet 1728. Des commissaires furent nommés pour examiner cette affaire et sur leur rapport une délibération fut prise le 29 janvier 1738. La communauté expliqua les motifs qu'elle avait eus pour réduire les intérêts sur le pied du denier cinquante et s'en remit à ce qu'il plairait à l'intendant d'ordonner. Une ordonnance du 29 septembre 1738 envoya les parties se pourvoir devant les commissaires du roi nommés par lettres patentes pour régler ce qui concernait l'administration des affaires des villes et communautés de la province du Languedoc et procéder concurremment avec les commissaires du roi aux Etats à la vérification de leurs dettes contractées du 1er janvier 1721 au 1er janvier 1736. Ils furent d'avis de proposer au roi de permettre aux consuls de la ville de Béziers d'imposer annuellement la somme de cinq cent soixante-une livres, neuf sols pour la rente à quatre et demi pour cent de la somme qui devait être payée au profit des religieuses par le trésorier clavaire.

En 1792, les religieuses de Sainte-Ursule se trouvèrent dans un état bien précaire. Un document nous les montre comme exposées à manquer des choses les plus indispensables. Elles étaient au nombre de trente-deux religieuses de chœur et de quatre sœurs converses, c'est-à-dire, trente-six personnes, et elles n'avaient pour tout traitement que six mille six cent cinquante sept livres, six sols, ce qui revenait à cent quatre-vingt cinq livres pour chacune ; ce qui était bien au-dessous du traitement annuel décrété.

Leurs biens immeubles comprenaient un champ complanté d'oliviers au chemin de Sérignan, un champ au chemin de Narbonne, un champ au tènement de Montflourès, un petite vigne au Rebaut, un champ al Peiras, chemin de Béziers à Pézenas. Ces terres, en mauvais état, donnaient fort peu de revenu et ne pouvaient suffire à payer les diverses charges.

A la Révolution, le couvent fut transformé en magasin à grains et en maison de détention.

Les Religieuses de Notre-Dame

OU DE SAINTE-MARIE

Les religieuses de Notre-Dame ou de Sainte-Marie furent établies par le bienheureux Pierre Fournier. Ce fut lui-même qui dressa leurs constitutions. Elles avaient pour but d'élever des jeunes filles qu'elles recevaient à titre de pensionnaires et de donner l'instruction gratuite à des enfants des pauvres qu'elles formaient à la piété, à la lecture, à l'écriture et au calcul. Paul V, par un bref du 7 avril 1607, confirma l'institut et leur donna l'autorisation de prendre l'habit religieux avec le voile noir, d'ériger leur maison en monastère et de vivre sous la règle de saint Benoît. Elles eurent un grand nombre de couvents en Allemagne, en Lorraine et dans quelques autres provinces de la France.

Nous les voyons établies à Béziers en 1616. Elles avaient été installées par Fulcrand de Barrez, vicaire général de Jean de Bonsy, en vertu d'un bref. du 17 octobre 1615 qui en avait autorisé l'institution. Leur couvent fut dû à Isabeau de Cruzy, veuve de Louis du Caylar, sieur de Saleson, et à Christine de Christol. Ces dames, après avoir passé cinq ans dans la maison des Ursulines, résolurent, d'accord avec quelques religieuses de cet ordre, d'embrasser la règle de Notre-Dame établie à Bordeaux par Mme Jeanne de Lestonnac, fille d'un conseiller au Parlement, et veuve du marquis de Mont-Ferrant. Madame de Lestonnac consultée approuva une pareille détermination, et pour y donner son entière adhésion, elle envoya, de Bordeaux, quatre de ses religieuses : Madeleine de Landrevic, supérieure, Sereine Coqueau, Isabeau Taufin et Jeanne Barthe, qui arrivèrent à Béziers le 18 juin 1616, prirent possession du couvent des Ursulines et firent embrasser la règle de Notre-Dame, c'est-à-dire, de saint Benoît. C'est alors que les Ursulines, voulant rester fidèles à leur première règle, se retirèrent, comme nous l'avons dit, et elles obtinrent, les circonstances aidant, l'autorisation de fonder un nouveau couvent.

Le couvent des religieuses de Notre-Dame, placé entre la rue Sainte-Marie et celle des Jardins, près de la cathédrale de Saint-Nazaire, s'agrandit des maisons de Me Pierre Versepuech, prêtre et recteur du lieu de Saint-Jean, et de

Jean de Rousset, conseiller au Sénéchal, acquises par contrats des 29 décembre 1632 et 30 août 1635, et d'un jardin dont une partie servit de rue; de la maison de M. de Cabrerolles, juge criminel et président de la Sénéchaussée de Béziers, qu'elles avaient achetée en 1628, et en 1652, de la maison de Me Affrique de Mercorant (1) qu'elles achetèrent aussi.

Cette congrégation se recrutait dans une société de demoiselles appartenant aux meilleures familles. Parmi les supérieures ou les conseillères et discrètes, nous avons pu relever les noms suivants : Anne de Fournier, Marie-Anne de Trédos, Rose de Marion, Anne de Millié, Elisabeth de Laur, Louise de Laurens, Catherine de Montade, Geneviève de Boussanelle, Delphine d'Estaniol, Françoise d'Astiès, Antoinette de Sebasan de Puisserguier, Claire de Trémouille, Antoinette de Basset, Gabrielle de Ponsent, Madelaine de Ladevèze, Jeanne de Villerase, Anne de Boucar, Thérèse de Miraval-d'Espine, Françoise d'Hondrat, Claire de la Canague, Marie de Torches. Chacune apportait sa dot. Il se forma, au bout de quelque temps, un capital dont les intérêts alimentaient la communauté. Nous avons eu sous les yeux divers contrats d'emprunts souscrits en leur faveur par la province ou la communauté de Béziers, pour payer des ouvrages faits à la conduite de la fontaine.

Un incendie, survenu dans la nuit du 25 au 26 septembre 1725, détruisit une partie des ornements de l'église avec divers meubles et consuma tout un côté de maison. Le chœur où se faisaient les exercices de piété n'existait plus; le quartier des filles pensionnaires était presque entièrement ruiné; plusieurs religieuses n'avaient plus de chambres, tant le ravage du feu avait été extraordinaire. La

(1) Sur le fronton de la grande porte d'entrée, encore conservée, se lit cette inscription gravée sur une plaque de marbre : « *Maison religieuse de Notre-Dame, la Glorieuse Vierge Marie, mère de Dieu, où les jeunes filles sont élevées à la piété et à la vertu, érigée par Em. et Ill. d'heureuse mémoire, Monseigneur cardinal Jean de Bonsy, euesque de Béziers, en 1616.* »

réparation de ces dégâts absorba une somme de deux mille livres.

Les religieuses de Sainte-Marie profitèrent de ce sinistre pour demander à la communauté de Béziers le remboursement d'une somme de 14039 livres qui leur était due. On sait qu'un arrêt du Conseil d'Etat du 24 août 1720 avait réduit les rentes au denier 50, et des commissaires avaient été nommés par le roi pour régler ce qui concernait l'administration des affaires des villes et communautés de la province de Languedoc.

La situation financière ne permettait pas à la ville de répondre à la demande qu'on lui adressait. Une négociation fut entamée et il s'ensuivit que les 14039 livres furent constituées en rente 4 1/2 0/0 en vertu d'un accord conclu entre les deux parties et confirmé par l'ordonnance suivante de l'Intendant :

" Ordonnons que la communauté de Béziers sera tenue de passer des contrats de constitution de rente à 4 1/2 0/0 de lad. somme de 14039 livres en faveur desd. religieuses, sinon, à faute de ce faire, qu'elle sera tenue de leur rembourser lad. somme en quatre années par imposition, à commencer la prochaine ; et ce pendant que les intérêts échus et ceux de la présente année leur seront payés au denier 50 ; enjoignons aux consuls de faire les diligences nécessaires pour l'exécution de la présente ordonnance. A Montpellier, le 15 juin 1727. *Signé :* De Bernage. "

La supérieure était élue pour trois ans. Quand ce triennat était expiré, les religieuses le faisaient savoir à l'évêque. Sur son ordre, le jour de l'élection, le vicaire général se transportait au monastère pour y faire procéder en la forme prescrite par les constitutions de ces religieuses. Il se plaçait devant la grille du haut du chœur où se rendaient toutes les religieuses " *vocales* ", leur montrait combien il était important pour elles de faire choix d'une personne qui eût les qualités requises pour remplir cette fonction à la plus grande gloire de Dieu et le plus grand bien de cette maison, capable de bien régir et administrer les affaires spirituelles et temporelles du monastère. Après avoir invoqué le Saint Esprit, source de toute lumière, les sœurs procédaient à l'élection de la supérieure en la forme accoutumée, sous les yeux du vicaire général, et elles faisaient approuver et confirmer leur choix par l'évêque. Marie-Anne de Fournier fut réélue trois fois de suite : 1770, 1773, 1777.

Les Religieuses hospitalières de la Charité de Notre-Dame

Notre cité a longtemps possédé une communauté de religieuses hospitalières de la Charité de Notre-Dame.

Cet ordre fut fondé, en 1624, par la mère Françoise de la Croix, native de Patay, au diocèse d'Orléans. Louis XIII donna l'année suivante des lettres patentes pour leur établissement, et elles eurent leur maison à Paris sur la place Royale. Jean-François de Gondy, archevêque de Paris, rédigea leurs constitutions, le 20 juillet 1628; elles furent définitivement approuvées par le pape Urbain VIII, le 10 décembre 1633; elles suivaient la règle de saint Augustin ; on les appelle encore *Augustines*.

Leur habillement se composait d'une robe de serge grise ceinte d'un cordon blanc à trois nœuds, d'un scapulaire de serge blanche par dessus la robe et d'un voile noir en étamine. En cérémonie, elles portaient un manteau de la couleur de leur habit, attaché par dessus la guimpe avec un morceau de bois. Elles s'engageaient par vœu d'exercer l'hospitalité et de soigner les malades dans les hôpitaux ; elles étaient astreintes à des prescriptions particulières en fait de jeûnes et de prières, et soumises à la claustration. Leur vie était d'une grande austérité.

Les religieuses hospitalières de la Charité de Notre-Dame furent appelées à Béziers, en 1646, pour diriger l'Hôpital Mage, qu'elles administrèrent avec le concours d'un bureau présidé par l'évêque et composé de ce que la cité comptait d'hommes les plus distingués. Elles étaient au nombre de six. Tous les biens destinés pour le secours des pauvres leur furent remis, mais à la condition qu'elles ne pourraient dans la suite rendre la ville reliquataire ou responsable d'aucune dette ni dépense. De leur côté, elles s'obligèrent de nourrir et d'entretenir les pauvres malades jusqu'à leur parfaite guérison et de leur fournir tous les médicaments nécessaires, de recevoir, de faire allaiter, de nourrir et d'habiller les enfants exposés.

Elles ouvrirent aussi des classes pour l'instruction des jeunes filles.

Ce fut à l'intervention et à la bienveillance de Mgr Clément de Bonsy, que la ville dut l'établissement du couvent des religieuses hospitalières de la Charité de Notre-Dame de l'ordre de Saint-Augustin. Plusieurs demoiselles de la ville vinrent en accroître le nombre et s'y formèrent à la vie religieuse. On peut citer Mlle de Fournier, Mlle de Castan (sœur Dorothée), Mlle Marie de Mantenon, fille de Me Etienne Mantenon, conseiller au sénéchal et présidial.

Chacune devait apporter une dot de deux mille livres qui était placée à cinq pour cent, et ce revenu suffisait pour les entretenir sans qu'elles fussent à charge aux pauvres.

Le service de l'Hôpital Mage prit de la stabilité par la présence des dames religieuses et l'exercice de la charité reposa sur un principe solide et raisonné. Leur histoire se confond avec celle de l'Hôpital Mage précédemment racontée (1).

La supérieure était élue pour trois ans ; le triennat expiré, l'évêque était prévenu, et, sur son ordre, un vicaire général se rendait au monastère pour faire procéder à une nouvelle élection en la forme prescrite par les constitutions des religieuses. L'élection de la mère Saint-Adrien de Boussonnel fut très laborieuse et ne pouvait jamais aboutir (6 mai 1769). Voici le procès-verbal de cette nomination :

Nous Jean Gros, prêtre licencié en lun et lautre droit de luniversité de Paris, chanoine précenteur de léglise de Béziers, official et vicaire général de Mgr l'Ill^me^ et R^me^ Joseph Bruno de Bausset de Roquefort, évêque et seigneur de Beziers, nous étant transporté au monastère des religieuses de la Charité Notre-Dame, établies dans l'hôpital mage de cette ville, peur y procéder à l'élection d'une nouvelle prieure, à la place de Ste-Madeleine d'Estaniol, qui l'étant précédemment avait dignement fini son trienne, Nous procédant en la qualité que dessus, et comme député dud. seigneur évêque, après avoir fait assembler la communauté dans le chœur de l'église, étant revêtu des ornements sacerdotaux, avons entonné le *Veni Creator* pour implorer les lumières de l'Esprit Saint, et avons après le verset et l'oraison célébré de suite la sainte messe, à laquelle avons donné la sainte communion à toutes les religieuses dud. monastère. La sainte messe étant finie, après avoir quitté la chasuble et le manipule, Nous nous sommes transporté devant la grille du chœur bas, assisté de Me Cambounés, prêtre et aumônier dud. hôpital, et du R. P. Gabriel Chassagnes, récollet, confesseur desd. religieuses, où après avoir fait retirer toutes les religieuses qui n'étoient pas vocales ou professes et fait fermer les portes de l'église, avons exhorté toutes celles qui devoient procéder à la nouvelle élection, au nombre de dix-sept, en leur représentant combien il est important pour elles de faire choix d'une sœur qui eût toutes les qualités requises pour régir et administrer les affaires tant spirituelles que temporelles dud. hôpital, et maintenir l'observance des règles, conformément à leur institut ; et à l'instant s^r^ Ste-Magdeleine d'Estaniol, s'étant mise à genoux devant nous, s'est démise de sa place de prieure, et deman-

(1) Bulletin de la Société Archéologique, 2e série, tome 11, page 331.

dant pardon à toute la communauté des fautes qu'elle auroit pu commettre dans son administration, nous priant de lui en donner l'absolution, ce que nous aurions fait après lui avoir imposé une pénitence salutaire. Après quoy, s'étant retirée à sa place selon son rang de religion, lesd. sœurs assemblées ont procédé au scrutin et selon l'usage, en remettant leur billet contenant leur suffrage dans une boîte placée à cet effet devant nous, lesquels après avoir été vérifiés et trouvés au nombre de dix-sept, et les avoir ouverts, avons trouvé qu'aucune des sœurs portées par les suffrages, n'en avoit le nombre suffisant pour être élue canoniquement et selon l'institut dud. monastère, ce qui ayant été vérifié et reconnu par lesd. vocales, les avons exhortées de nouveau et pressées avec instance de se réunir en faveur d'une de leurs sœurs, autant que leurs lumières et les sentiments de leur conscience le leur permettroient, et de suite avons procédé à un nouveau scrutin qui s'est également trouvé nul ; aucune des sœurs n'ayant le nombre suffisant de suffrages ; ce qui ayant été de nouveau vérifié et reconnu par lesd. vocales, avons après une nouvelle exhortation procédé à un troisième scrutin, qui s'étant également trouvé nul par les mêmes raisons, avons derechef exhorté les sœurs, leur annonçant de plus que, si dans un quatrième scrutin, elles ne pouvoient pas s'accorder en faveur d'une d'elles, il faudroit nécessairement que nous usassions de l'autorité en laquelle nous procédions pour en nommer une d'entre elles éligible selon leurs règles.

Sur quoy lesd. sœurs étant venues à un quatrième scrutin qui fut trouvé nul comme les premiers, aucune des sœurs n'ayant réuni un nombre suffisant de suffrages, nous les avons interpellées de nouveau et demandé si elles voudroient encore procéder à de nouveaux scrutins, ou que nous nommions de notre propre autorité telle parmi elles qui nous paroitroit le plus propre à remplir, dans les circonstances présentes, la place de prieure vacante. Lesd. sœurs nous ayant toutes répondu en particulier et en général qu'elles ne vouloient plus procéder au scrutin et qu'elles consentoient que nous procédassions dans l'instant pour leur donner une prieure,

Nous, en la qualité que dessus, avons nommé la sœur Saint Adrien de Boussonnel pour mère première, prieure et supérieure dud. monastère de l'hôpital pendant le trienne prochain, et de suite lad. sœur Saint-Adrien s'étant mise à genoux devant nous, lui avons ordonné en vertu de l'obéissance, de prendre la place de mère prieure, ce qu'elle a accepté avec larmes et humilité, après avoir instamment prié de la décharger d'un pareil fardeau ; ce qui étant fait, toute la communauté s'étant rassemblée dans le chœur au son de la cloche, Avons enjoint et ordonné à toutes les sœurs, en vertu de la sainte obéissance, de reconnaître s[r] Saint-Adrien pour mère première, prieure et supérieure dud. monastère et de luy obéir en cette qualité dans tout ce qui ne seroit pas contraire aux règles et au saint institut qu'elles avoient embrassé ; et en action de grâces avons entonné le *Te Deum* pendant lequel la sœur Saint-Adrien, assise dans la chaise prieurale, toutes les sœurs l'une après l'autre luy ont rendu obédience en luy baisant la main. Et plus n'a été procédé.

A Béziers, le 6e mai 1769. — *Signés :* Gros, vic. g., Cambounés, prêtre et aumônier, F[r] Gabriel Chassagnes, R[t] confesseur (1).

Les Filles ou Sœurs de la Charité

Les Filles de la Charité se vouaient au soin des malades, à l'instruction des jeunes filles et à la visite des pauvres. C'est à saint Vincent de Paul qu'on est redevable de leur institution. Il ne faut pas confondre la congrégation des Filles de la Charité avec la confrérie des Dames de la Charité. Celle-ci prit naissance à la suite d'une prédication faite à Châtillon-les-Dombes, en 1617.

A l'issue de leurs missions dans les villes et les villages, Vincent de Paul et ses fils laissaient comme monument de leur passage des confréries de la charité, c'est-à-dire,

(1) Registre du secrétariat de l'évêché, page 314.

des réunions de femmes associées pour visiter les pauvres malades et distribuer des secours aux malheureux.

Cette institution se répandit bientôt sur tous les points du royaume, et de nos jours, elle existe non seulement en France mais dans tous les autres pays. Ce sont des dames du monde qui mettent en commun leur zèle et leur dévouement pour venir en aide aux déshérités de la fortune. C'est une œuvre parallèle aux conférences de Saint-Vincent de Paul instituées dans notre siècle à l'instar des confréries d'hommes établies aussi par saint Vincent de Paul, notamment à Joigny.

Mais le zèle de saint Vincent de Paul pour secourir les malheureux ne se contenta pas de ce dévouement, quelque louable qu'il fût. Il voulut avoir des *servantes* vouées par profession au soin des pauvres malades. Il réunit quelques filles qui, n'ayant ni attrait pour le mariage, ni assez de bien pour entrer en religion, lui parurent disposées à se consacrer pour l'amour de Dieu au service des pauvres malades, et de là sortit la congrégation des Filles de la Charité destinées dans la pensée de leur fondateur à devenir les auxiliatrices des Dames de la Charité. Ce n'était pas tout de les voir formées aux soins des malades et aux exercices de la vie spirituelle, liées à leurs œuvres et entre elles par l'élément religieux ; il fallait encore qu'elles fussent surveillées et conduites. La divine Providence vint à son aide comme dans tout ce qu'il entreprenait et elle lui suscita une vaillante coopératrice. Mlle Legras (1) se consacra particulièrement à cette œuvre de charité sous la direction du saint et les premières associations se développant se changèrent ensuite en communautés sous la conduite d'une supérieure (21 novembre 1633).

Le 25 mars 1634, Mlle Legras se lia à cette œuvre par un

(1) Née Louise de Marillac, veuve à 34 ans de M. Le Gras, secrétaire de la reine Marie de Médicis.

vœu perpétuel. La Société, avec ses statuts et ses règlements, fut approuvée, le 20 octobre 1646, par Jean-François de Gondy, archevêque de Paris, réapprouvée, le 18 janvier 1655, par son successeur, le cardinal de Retz, autorisée par les lettres patentes du roi, en 1657, et confirmée, en 1667, par le pape Clément IX.

Les Filles de la Charité s'accrurent en nombre, et par droit de charitable conquête, elles s'emparèrent des hôpitaux, soit pour prodiguer leurs soins aux malades, soit pour servir de mères aux enfants exposés.

Les établissements des Filles de la Charité, communauté si populaire, sont devenus trés nombreux ; aujourd'hui, il y a vingt mille Sœurs de la Charité dans le monde entier. Elles n'ont pas de maison en propre ; elles sont logées et nourries dans les hôpitaux comme les pauvres et les malades, et reçoivent pour leur entretien une somme très modique. Elles sont sous la direction du supérieur général de la congrégation des Prêtres de la Mission. Elles font vœu de vivre en pauvreté, chasteté, obéissance et de servir les pauvres malades, mais sans faire de vœux solennels, pas même de simples vœux perpétuels. Leurs vœux ne se font qu'annuels et intérieurs. Chaque année, le 25 mars, toutes les sœurs se lèvent libres, mais toutes s'empressent de reprendre le saint joug du service de Dieu.

Leur habillement est d'une étoffe grise de forme simple et modeste ; leur coiffure est une cornette blanche.

Les Filles de la Charité eurent leur place dans la ville de Béziers où elles furent appelées, sous l'épiscopat de Mgr de Rotondy de Biscaras, pour l'éducation chrétienne des jeunes filles du peuple et les visites à domicile des pauvres malades, dès l'année 1692 (1). Le chanoine Laffon, succenteur de l'église cathédrale de Saint-Nazaire, acheta

(1) Dans le procès-verbal d'un conseil ordinaire, tenu le 14 février 1771, on mentionne des lettres patentes du roi datées de 1692, mais que nous n'avons pu retrouver.

de Me Mandeville, notaire, et de sa femme, Catherine de Granier, au prix de mille livres, trois petites maisons avec jardin, sises au bourg du Capnau (1), par acte du 6 août 1693, les fit réparer et meubler convenablement et les affecta au logement des nouvelles religieuses. D'autres libéralités vinrent bientôt après.

Etienne Coustols, bourgeois de Béziers, par son testament du 2 février 1699, institua l'hôpital Saint-Joseph pour son héritier universel et général et le chargea d'entretenir dans cette ville deux Filles de la Charité pour le service des pauvres malades et de payer annuellement à chacune d'elles une somme de deux cents livres. La supérieure de la communauté était alors Perrine Goupy.

Joseph de Bertuel, de Béziers, ancien colonel de dragons, brigadier des armées du roi, leur légua une somme de six mille livres dont les intérêts devaient servir à l'entretien de deux sœurs.

Du grand archidiacre, Jacques de Maussac, il leur revint deux maisons et cent livres de pension que son héritier remit et paya fidèlement.

Il y eut donc cinq sœurs grises pour former l'établissement de la communauté, avec un capital d'environ treize mille livres.

Elles avaient à leur charge leur entretien, leurs frais de maladie, de voyage, de déplacement, les réparations de la maison; deux sœurs devaient faire l'école aux filles pauvres de la ville, deux autres étaient pour porter le bouillon aux pauvres malades, les servir autant qu'il convenait (2),

Bientôt, il y eut six sœurs avec une rente annuelle de huit cents livres. La réduction des rentes sur la ville à deux pour cent, en 1720, semblait devoir les mettre dans la gêne, et les consuls, sous de spécieux prétextes, leur

(1) La rue porte encore le nom des Sœurs Grises.

(2) Archives départementales, C. 493.

refusèrent une somme de cent livres qu'elles leur demandèrent (2). Cependant leurs œuvres ne périclitèrent pas et elles eurent la satisfaction de voir leur communauté prospérer.

Quand leur nombre fut porté à huit, leur logement devint insuffisant et nécessita un agrandissement par l'adjonction d'une petite maison attenante. L'occasion même voulut qu'on abandonnât le quartier du Capnau.

Par acte du 7 octobre 1765, la sœur Françoise Le Royer, supérieure de la communauté de Béziers, acquit au prix de six mille livres, du sieur de Rives, une maison dépendant de la succession de M. Lenoir, seigneur de Ribaute, située au bourg de la Fustarié et confrontant le cimetière de Saint-Félix. Cette acquisition fut approuvée par une délibération du conseil de ville du 9 janvier 1766 et l'immeuble fut affranchi de la taille. En même temps, Mgr de Bausset de Roquefort tint les sœurs „ quittes du droit de lods qui lui etoit dû à raison de cette acquisition „ et cela „ pour leur donner de nouvelles marques de son affection „. La maison du Capnau fut vendue et le produit servit au paiement de la nouvelle acquisition.

La congrégation des Filles de la Charité servait d'intermédiaire à la confrérie des Dames de la Charité ou de la Miséricorde pour la visite des pauvres honteux et la distribution des secours à domicile.

A la Révolution, cette œuvre aurait été supprimée comme tant d'autres, n'était qu'il fut conclu entre les citoyens Fayet et Azaïs, administrateurs de l'hôpital Saint-Joseph, et la sœur Françoise Le Royer, et en renouvellement d'une convention antérieurement faite entre le chanoine Laffon et les administrateurs de l'hôpital de ce temps-là, que la maison nouvellement acquise reviendrait à l'hôpital si l'œuvre de la Miséricorde cessait d'exister. L'hôpital mit en son lieu

(2) Registre des délibérations des 26 novembre et 27 décembre 1720.

et place la sœur Le Royer, avec réserve que si l'œuvre de la Miséricorde venait à être rétablie dans Béziers, la dite maison continuerait d'être affectée „ à la même œuvre et aux personnes qui l'administreraient „. C'est ainsi que cette maison abrite encore aujourd'hui les écoles de la Miséricorde et le bureau de la Charité. C'est de là que sortent les nombreux secours que d'une main libérale et discrète les filles de Saint-Vincent de Paul distribuent aux pauvres nécessiteux des divers quartiers de la cité.

Est-il nécessaire d'ajouter que les Filles de la Charité, sinon supprimées, du moins désorganisées à la Révolution, ne tardèrent pas d'être rétablies à l'avantage des malheureux ?

Enfin, nous ne devons pas oublier de dire qu'en 1765 l'évêque Joseph Bruno de Bausset de Roquefort et les administrateurs avaient fait confier à des sœurs de l'institut de Saint-Vincent de Paul la direction de l'hôpital général Saint-Joseph, à la tête duquel elles se trouvent encore. Elles commencèrent le service au nombre de cinq avec la sœur Thérèse Ledouairain pour supérieure, qui, morte le 21 juillet 1767, fut remplacée par la sœur Stainier, à laquelle succéda, en 1771, la sœur Leroy, morte en 1807. Une sixième sœur fut ajoutée en 1766 ; une septième, en 1770 ; une huitième, en 1812. Il ne se produisit qu'une désorganisation de quatre ans, de 1792 à 1796.

LES CONFRÉRIES

1° SOCIÉTÉS D'HOMMES

Nous venons de parler des corporations religieuses dont l'existence a été marquée dans la ville de Béziers. A côté d'elles, vécurent et se développèrent des associations particulières désignées sous le nom de *confréries*, dont il convient de s'occuper. C'étaient des corps formés de personnes unies entre elles par les liens de la charité pour s'appliquer à de bonnes œuvres (1).

Il ne faut pas médire des confréries ; elles ont eu une très grande importance sociale et politique. Que voyons-nous dans la société, si ce n'est un antagonisme de forces, des éléments qui naturellement s'entrechoquent et se combattent ? Les confréries prêchaient la paix et propageaient l'esprit de concorde et d'union et créaient entre les membres une espèce de solidarité. Toutes les classes étaient confondues : bourgeois, artisans, laboureurs. Tous s'appelaient *frères* et le pauvre pouvait recevoir sans rougir l'assistance du riche. Le lien religieux rendait plus grande

(1) « Il y avait aussi chez les Romains des confréries religieuses appelées des *sodalités* affectées au service d'un dieu ; elles se réunissaient dans son temple. » — M. Gaston Boissier, *La Religion romaine*, tome 2, page 278.

la cohésion de tous les membres. C'est là qu'il faut chercher les associations véritablement démocratiques.

Nous avons retrouvé les traces de six de ces anciennes confréries d'hommes : Pénitents Minimes, Pénitents de la Miséricorde, Pénitents Bleus, Pénitents Noirs, Pénitents Gris, Pénitents Blancs. Elles dataient, à ce qu'il paraît, du XVIe siècle ; c'est sous le règne de Henri III qu'elles se multiplièrent en France. Nous devons regretter de n'avoir pas pu retrouver pour chacune d'elles des documents qui nous eussent fourni des renseignements également étendus au sujet de leur origine, de leurs statuts, de leur organisation intérieure.

Il y avait de plus le Tiers-Ordre de Saint-François ou dévots du Cordon de Saint-François, établi à Assise par le pape Sixte V, en 1586, et de Saint-Dominique. Cette forme d'association différait de la confrérie en ce qu'elle comprenait certaines cérémonies à pratiquer et qu'elle imposait un règlement de vie particulière à ceux qui s'y engageaient. Ajoutons à cela la Fraternité des Pèlerins de Saint-Jacques.

Pénitents Minimes

Les Pénitents Minimes, ainsi nommés parce qu'ils portaient l'habit des Minimes, étaient placés sous l'invocation de saint Jean, apôtre et évangéliste. La confrérie s'assembla d'abord dans le cloître des Pères Augustins. Ce lieu se trouva incommode et insuffisant pour leurs offices. Ils le quittèrent, le 16 février 1608, et ils vinrent tenir leurs réunions dans la chapelle de l'Hôpital Mage, auquel ils faisaient une rente annuelle en pains.

Le jour de la Toussaint, ils se réunissaient, à une heure, dans la chapelle, pour procéder à l'élection des officiers de la congrégation. Après avoir chanté dévotement le *Veni Creator Spiritus* et prêté le serment en tel cas requis, ils nommaient, à la majorité des voix, un prieur, un sous-prieur, neuf conseillers, un trésorier, quatre choristes, deux dizeniers et visiteurs des malades, un syndic, trois sacristains, et pour maîtres de cérémonie le prieur et le sous-prieur anciens. Le prieur et le sous-prieur nouveaux nommés prenaient à leur charge les frais du monument du Jeudi-Saint. Tout confrère devait faire brûler deux fioles d'huile devant le Saint-Sacrement exposé, et si cela ne suffisait pas, le prieur et le sous-prieur fournissaient le surplus.

Le jour de sa réception, chaque confrère devait jurer d'observer les statuts, apporter un sac et fournir un siège pour l'enfermer. La cotisation de chacun était fixée à trois livres que percevait le trésorier sans en „ soulager „ aucun, et une livre de cire, pour subvenir à l'entretien de la chapelle et contribuer au service divin. Tout confrère menant une vie notoirement irrégulière était rayé du catalogue des membres.

Le prieur et le sous-prieur faisaient observer les statuts. Toute infraction au règlement était punie d'une amende de dix livres de cire blanche ou jaune. Les confrères devaient assister à l'office, le dire dévotement, garder les convenances qu'exigeaient le lieu et la circonstance, ne point procurer de distractions en allant çà et là et observer le silence. La musique, dont ils ne comprenaient point l'influence divine, était bannie de leurs cérémonies de crainte qu'elle détournât la dévotion des confrères et des assistants. Le prieur Gausseran, de sa propre autorité, ayant fait venir le jour de Pâques la musique de la collégiale de Saint-Aphrodise, fut suspendu de sa charge pour trois mois. Comme il avait introduit des personnes étrangères dans la chapelle pendant les cérémonies et qu'il avait empêché d'autres confrères d'entrer, il fut condamné à un quintal de métal pour être employé à la refonte de la cloche.

Le confrère Affernat, s'étant rendu coupable de désobéissance envers le prieur et l'ayant même injurié, fut condamné à l'amende d'une livre de cire blanche, à prendre la discipline pendant le *Miserere meî*, à demander pardon à Dieu et à se mettre à genoux devant le prieur.

Les confrères étaient obligés d'assister aux processions. C'était un honneur d'y porter la croix. Celui qui obtenait ce privilège devait faire un don à la chapelle. L'un offrit une chasuble avec étole et manipule ; un autre, une aube et son amict ; un troisième, un calice et sa patène ; un quatrième, un missel.

Quant aux cérémonies de l'Eglise, les confrères étaient obligés d'assister à la messe le dimanche, de solenniser les jours de fête et d'offrir un pain bénit à tour de rôle, de célébrer les fêtes de Notre-Dame, les quatre festivités de l'année, celle de Saint-Jean-l'Evangéliste dont ils faisaient l'octave avec prédication particulière et augmentée de l'office du matin et du soir.

On visitait et veillait les malades de la compagnie ; on passait dans la chapelle la nuit du Jeudi-Saint, on assistait à la procession du soir. La communion était d'obligation le premier dimanche du mois. Ils faisaient des processions auxquelles assistaient tous les confrères, les jours du Jeudi-Saint et de la Fête-Dieu, et chacun devait fournir une livre de cire. C'était quelquefois dans des circonstances extraordinaires. On les vit, le 1er mai 1611, au point du jour, aller pieds nus à la chapelle de Saint-Jean-d'Aureilhan, en reconnaissance d'une pluie obtenue après une longue sécheresse. Nul ne pouvait prêter un habit à une personne étrangère à la confrérie pour assister à la procession sous peine d'une amende de dix huit livres de cire blanche.

La confrérie des Pénitents Minimes était devenue une des plus nombreuses et des plus florissantes de la ville. Ils quittèrent l'Hôpital Mage et ils firent bâtir une belle église dans un espace compris entre le couvent des Récollets et la place de la Citadelle, à proximité du rempart et dans le voisinage du logis des Trois Mulets, sur l'emplacement d'une maison qu'ils achetèrent à Me Racolles, avocat, au prix de seize cents livres. Ils en prirent possession le 8 septembre 1646. Ce jour-là, au nombre de soixante-huit, accompagnés des consuls et d'une grande multitude, ils partirent en procession de l'Hôpital Mage, se dirigèrent vers la croix de Saint-Cyr, remontèrent la grande rue des Augustins, passèrent devant la fontaine, traversèrent la rue Française et, aprés avoir fait une station à l'église des Carmes où le Saint-Sacrement était exposé, ils prirent possession de leur église, bénite la veille par M. Solignac, grand vicaire, assisté de MM. Solignac, son neveu, Romieu et Bel, prêtres bénéficiers de la cathédrale. L'abbé Tandon célébra la messe en présence des consuls et d'une nombreuse assistance, et le sermon fut prêché par un Récollet.

L'ornementation de la chapelle fut terminée avec des offrandes venues de divers côtés. C'est pour elle que Me Jougla, conseiller du roi et receveur du diocèse, donna une somme de trois cents livres. L'édifice se composait de quatre arceaux au-dessus desquels étaient placés des tableaux représentant des anachorètes, et dans le chœur se trouvaient les statues des quatre évangélistes. Le retable fut doré, la voûte décorée. C'était un sanctuaire élégant et gracieux. La confrérie eut des alternatives de prospérité et de déclin, comme tous les établissements humains.

A la grande Révolution, l'église des Pénitents Minimes fut acquise par le citoyen Bru, le propriétaire même de l'église des Récollets. Affecté à des réjouissances, ce lieu servit à un jeu de boules. On l'appelait vulgairement la *Grenade.*

C'est dans cette église que se réunirent les membres du

clergé pour faire les élections des Etats généraux de 1789, pendant que la noblesse s'assemblait dans le réfectoire, et le tiers-état, dans l'église des Récollets.

Pénitents de la Miséricorde

Les Pénitents de la Miséricorde avaient pour mission d'accompagner avec des torches lugubres les condamnés au supplice. Ils furent établis par M. de Maussac. Pas d'autres renseignements sur cette confrérie.

Pénitents Rouges

Les Pénitents Rouges sont mentionnés dans les statuts des Pénitents Minimes. Il y est dit que tout confrère qui irait à la chapelle des autres Pénitents, même des *Pénitents Rouges*, soit pour assister à leur procession, soit pour les aider à dire l'office, serait condamné à une amende de trois livres de cire blanche (1). J'ignore la forme de leurs statuts et le point de leur réunion.

Pénitents Bleus.

Les Pénitents Bleus, dont saint Jérôme et saint Régis (2)

(1) « Il a été délibéré que tout confrère qui irait en la compagnie des *Pénitents Rouges* ne pourrait entrer en celle des *Pénitents Minimes* ».

(2) Saint Régis avait été Pénitent Bleu. Les Pénitents Bleus de Béziers étaient affiliés aux Pénitents Bleus de Narbonne.

étaient les patrons, se réunirent d'abord dans une dépendance du cloître de l'église Sainte-Madeleine. On les désignait sous le nom de Pénitents de Saint-Jérôme et du titre du Saint-Esprit. Comme leur nombre avait augmenté, ce local se trouva trop petit et fort incommode pour les usages de la congrégation. Un quartier du couvent des Carmes se trouvait inoccupé et menaçait même ruine. La compagnie des Pénitents offrit d'en faire l'acquisition pour y construire la chapelle. Les religieux convoqués par le prieur consentirent à l'aliénation de ce quartier de maison avec d'autant plus d'empressement qu'on le louait à un bas prix à des boulangers qui y déposaient le bois de chauffage de leur four, et qu'on était même obligé de le louer à des huguenots. La vente fut faite moyennant la somme de quatre cents écus ou douze cents livres. Voici à quelle condition :

„ La dite somme demeurera au pouuoir des sieurs Pénitents sans quelle puisse estre retirée de leurs mains, soubs quelque pretexte que ce soit, à la charge et condition quilz seront tenus chacune année fere pention audict couuent ou religieulx de la somme de trente-trois escuz ung tiers faisant cent liures payables par leur tresorier es mains du prieur dudit couuent soubz bon mandement et quictance du prieur et religieux d'icelluy la seconde semaine de caresme, pourveu que ne soict en tempz de peste ou aultre temps de guerre ; a defaut de ce paiement, il seroit permis au prieur dud. couuent et aux religieux d'interdire l'entrée de la chapelle construite en ladite maison ; et que si par la calamité dud. tempz lesd. confreres penitents fussent contraintz de vuider la ville, en ce cas le paiement sera sursis jusques à la remise du peuple et alors un moys aprez tout dellay seront tenus paier la pantion courante, et audit cas ou autrement en leur reffus de paier sera permis au prieur et religieulx desd. Carmes leur interdire l'entrée de lad. chapelle..... Pacte qu'il sera permis et loisible auxd' penitents de pouuoir estaindre lad. pantion en baillant lad. somme de quatre cens escus es mains dun marchant sur et responsable ou en la mettant sur le diocese ou communaulté de la presente ville a la charge que ceulx qui la recevront sobligeront de faire mesme pantion de cens liures (1). „

Lorsque à la grande Révolution, le citoyen Etienne Jullien, négociant, devint adjudicataire au prix de quarante mille quatre cents francs de l'immeuble ayant appartenu aux Carmes, il voulait avec ses co-associés priver les Pénitents Bleus des droits et facultés dont ils jouissaient depuis un temps immémorial en vertu des titres les plus authentiques. Il demanda que les Pénitents lui délaissassent la grande porte d'entrée de leur chapelle pour la construction de laquelle les Carmes leur avaient cédé une canne de terrain (2), la porte qui introduisait dans la sacristie et le corridor par lequel on se rendait à la tribune ; qu'il bâtissent à pierre, à chaux et à sable la porte de communication de la chapelle avec le cloître des Carmes. De telles prétentions étaient sans fondement et le droit resta aux Pénitents. Leur titre de propriété résultait de l'acte de vente consenti par les Carmes le 5 novembre 1596, par lequel ils étaient soumis à recevoir, dans un petit membre du bas joignant le clocher, le pain de la charité qui se distribuait le jour de l'Ascension.

Le local concédé était en très mauvais état et à charge même aux Carmes. Les Pénitents, pour construire leur chapelle, avaient dû, à leurs frais, changer tous les arcs du cloître, refaire la porte principale du couvent. Comme l'acte de vente leur laissait le droit d'entrer par la porte principale du couvent et de traverser le cloître, c'était pour pénétrer du corridor du cloître dans leur appartement qu'ils avaient dû pratiquer la porte et le passage aboutissant à leur sacristie.

(1) Acte du 5 novembre 1596 reçu par Me Jean Laur, notaire royal, huit feuilles en parchemin.

(2) Acte du 6 septembre 1597 reçu par Me Andoque, notaire.

Les Pénitents Bleus célébraient les Fêtes de Saint-Régis et de Saint-Jérôme et faisaient une procession les jours de la Fête-Dieu, le jeudi de l'Octave, le dimanche de la Passion, le Jeudi-Saint, et aux fêtes de Saint-Jérôme et de Saint-Régis. Pour le service de leur chapelle, ils ne pouvaient prendre d'autres prêtres ni religieux que les Pères Carmes.

Au début du siècle, une partie de l'église des Récollets fut concédée à une nouvelle confrérie de Pénitents Bleus dont elle a gardé le nom. Le grand tableau de saint François de Sales prêchant devant Henri IV entouré des députés de Genève provient de l'Hôpital Mage. C'est de 1818 que date la frégate suspendue à la voûte et due au couteau du confrère Jourdan, tonnelier.

Pénitents Noirs

Les Pénitents Noirs de Sainte-Croix (1) avaient leur chapelle dans l'intérieur de la ville, à l'endroit même où s'élève aujourd'hui l'église du pensionnat des Frères des Ecoles chrétiennes.

Ils conçurent le dessein de la transférer dans un endroit plus commode afin de pouvoir faire le service divin avec plus d'éclat et de zèle pour la gloire de Dieu. Ils se firent céder à l'esplanade de l'ancienne citadelle un terrain vacant voisin de l'Hôpital Mage (2) et ils y édifièrent une église qui fut un embellissement pour cette partie de la ville, dans

(1) Heures de Notre-Dame et autres Offices pour des confréres Pénitents Noirs de Sainte-Croix. — Béziers, imprimerie Martel, 1647, in-18.

(2) Registre des délibérations, séance du 19 juin 1666.

ce même lieu autrefois consacré au service de Dieu par l'église des Frères Prêcheurs (19 juin 1666). Ils la firent décorer par des peintres de mérite et six de leurs tableaux de grande dimension ornent les deux côtés du chœur de l'église de Saint-Nazaire (1).

Ils eurent de longs démêlés avec Mre Pierre Laffon, curé des paroisses Sainte-Madeleine et Saint-Félix parce qu'ils le frustraient de ses droits casuels aux enterrements de leurs membres défunts, en s'appropriant les cierges, les flambeaux et le parement de bière. Il fallut que le curé présentât une requête au sénéchal pour faire respecter ses droits légitimes (1698).

Pénitents Gris

Les Pénitents Gris se rattachaient au Tiers-Ordre de Saint-François établi à Paris sous le règne de Henri III. On les appelait les dévots du cordon de Saint-François. Leur habillement consistait en un sac de treillis gris avec un capuchon en pointe et une corde de crin blanc et noir entrelacés ensemble, avec trois nœuds. Ils portaient sur l'épaule gauche l'image de saint François et un chapelet attaché à la corde. Ils faisaient quatre processions, le jour de Saint-Roch, le Jeudi-Saint, la Fête-Dieu et pour la fête des stigmates de Saint-François ; ils y marchaient nu-pieds. Ils s'assemblaient le premier vendredi du mois dans leur chapelle pour chanter le petit office de la Vierge, et les autres vendredis après-midi, ils disaient les complies de l'office de l'Eglise. A certaines fêtes, ils disaient le grand office de

(1) Bulletin de la Société Archéologique, 1re série, tome 1, page 219.

l'Eglise tout entier avec les premières vêpres, et l'office des ténèbres les trois derniers jours de la Semaine-Sainte. Ils étaient astreints à des pratiques religieuses personnelles et à quelques austérités. Ils avaient leur chapelle dans une impasse située à l'extrémité de la rue de Saint-Aphrodise appelée l'impasse *dal Sacrista*, et où l'on a établi une école laïque de filles. Les marchands de la foire de Saint-Aphrodise leur payaient une redevance pour leur étalage.

La confrérie des Pénitents Gris était placée sous l'invocation de saint Bonaventure.

Pénitents Blancs

La confrérie des Pénitents Blancs était placée sous le vocable de Sainte-Anne. Il y avait prieur, sous-prieur et syndic. Ils avaient une vaste église dans la rue de la tour des Badauds.

M. Delon, conseiller du roi et trésorier général, les comprit dans son testament du 30 juin 1692 :

Je veux et ordonne, dit-il, que du plus liquide de mes biens sera prise la somme de trois mille cinq cents livres pour estre placée sur le clergé ou le diocèse pour la rente dicelle au denier vingt estre employée scauoir : deux cens liures pour faire dire une messe basse en musique a perpetuité le lundi de chaque semaine dans la chapelle des Penitents blancs de cette ville dont je suis confrère, voulant que les PP. Jacobins, Carmes et Minimes qui auront assisté a mon enterrement fassent la fonction de chapellenie quatre mois chacun par tour, pour accomplir lannée a perpetuité, a cause de quoy leur seront données les cinquante liures pour la messe qu'ils diront a la chapelle des Penitents blancs par tour pendant quatre mois, qui est linterest de la somme de trois mille cinq cents liures, scauoir cent cinquante liures pour les trois ordres Jacobins, Carmes, Minimes, et les deux cents liures de surplus pour le luminaire et le maistre de musique qui se trouuera en charge (1).

Pèlerins

La Fraternité des Pèlerins de Saint-Jacques (2) avait une maison au bourg de Saint-Jacques, confrontant de terral le couvent des Capucins et de marin la rue allant de Saint-Jacques à la croix de Saint-Cyr (3).

La confrérie des Pèlerins se reforma après le rétablissement du culte en France, et elle avait sa chapelle dans l'église de Saint-Jacques. Leur présence, sous le costume de Saint-Roch, ajoutait à l'éclat des processions paroissiales. La confrérie s'est dissoute et a disparu.

Confrérie du Saint-Sacrement

Les confrères du Saint-Sacrement s'engageaient à une vie plus dévote et plus chrétienne que celle du commun des fidèles. Ils célébraient la Fête-Dieu et celle du quatrième dimanche de chaque mois avec une dévotion particulière. Cette confrérie était érigée dans l'église Sainte-Madeleine.

(1) Archives municipales. Liasse de testaments.

(2) Je les trouve mentionnés sous le nom de *Romioux* et *Confraires* de Saint-Jacquee dans un acte de l'aliénation du temporel de l'Eglise de 1563, conservé dans une armoire de la salle capitulaire de l'église Saint-Nazaire.

(3) Compoids. Bourg Saint-Jacques.

Congrégation d'Artisans

L'église du collège des Jésuites servait de réunion pour une congrégation d'artisans, qui venaient le dimanche et les jours de fête y faire leurs offices. Ils célébraient solennellement leur fête le jour de la Chandeleur, le 2 février. Il y avait toujours prédication. Il n'en reste que le tableau-catalogue des derniers membres, encore conservé dans la chapelle du collège universitaire.

A l'origine, les confréries des Pénitents se multiplièrent avec l'agrément de tous, et les évêques favorisèrent leur établissement. Ces associations leur parurent très efficaces pour ressusciter et entretenir la ferveur et le zèle dans les âmes, et ils s'empressèrent de les confirmer par leur autorité. Mais il arriva un moment où l'Eglise cessa de recevoir des confréries ce qu'elle en attendait. Le promoteur du diocèse de Béziers fut invité à examiner leurs statuts, leurs règlements et leurs registres de délibérations et il constata qu'il s'était glissé des abus provenant de l'inobservation des statuts et de la facilité avec laquelle on admettait des confrères.

Ces abus demandaient à être réprimés. On fit un examen attentif des confréries de Pénitents. On résolut de couper court aux relâchements qui s'étaient immiscés partout et de ressusciter l'esprit, le zèle et la ferveur d'autrefois.

A la Révolution furent supprimées toutes les associations religieuses. La nation décréta, en 1791, l'abolition de toutes les confréries et s'empara de leurs biens. Elles furent entièrement dispersées en 1792.

2° ASSOCIATION DE FEMMES

Il y avait aussi, comme il y a encore, des associations de femmes.

Congrégation de Sainte-Elisabeth

La congrégation de Sainte-Elisabeth avait une chapelle, maison et jardin au bourg de Saint-Jacques. Elle fut établie sous Thomas de Bonsy (1576-1596), qui en constitua lui-même les statuts et en régla si bien les exercices que les dames mariées et les jeunes filles pouvaient y mener une vie approchante de celle des religieuses de profession, et s'élever à un haut degré de perfection. Il prescrivit la façon de recevoir les associées et d'élire les officières ; il marqua les jours auxquels elles devaient s'assembler, les prières qu'elles devaient réciter, les mortifications et les humiliations qu'elles devaient pratiquer, les sacrements qu'elles devaient fréquenter et surtout la conduite qu'elles devaient garder envers les pauvres honteux et les malades. Il en donna la direciton spirituelle aux Pères Capucins.

Jean de Bonsy, son neveu et son successeur (1596-1620) (1), étant à Rome, obtint du pape Paul V une indulgence plénière à perpétuité pour le jour de la réception des associées, pour l'article de la mort et pour le jour de la fête de Sainte Elisabeth (2).

(1) Evêque-cardinal mort à Rome, le 4 juillet 1620.

(2) *Vie de sœur Jacquette de Bachelier*, par le R. P. Casimir, de Toulouse, capucin, 1 vol., petit in-12, réimprimé à Béziers, en 1843, page 135.

Cette congrégation s'est reformée de nos jours avec le concours de dames pieuses et charitables de la ville.

Tiers-Ordre de Saint-François

Le Tiers-Ordre des Sœurs de Saint-François faisait ses exercices spirituels dans une chapelle particulière située près du couvent des Récollets (1). C'était une association de personnes vivant dans le monde, mais suivant un règlement de vie assujetti à certaines pratiques de dévotion. Des lettres patentes du roi, du 17 juin 1676, exempta de la taille leur église et la sacristie.

Les Pères Franciscains de l'étroite observance, nouveaux venus dans notre ville, ont travaillé à ressusciter une association de ce genre. On se réunit tous les dimanches à Saint-Nazaire dans la chapelle de Saint-François, dite aussi du Tiers-Ordre, à cause d'une confrérie d'hommes de ce nom qui, longtemps, y a tenu ses assemblées.

Confrérie de Notre-Dame des Suffrages

La confrérie de Notre-Dame des Suffrages avait été érigée dans l'église de Saint-Félix. L'Hôpital Général lui faisait une rente perpétuelle de dix livres, comme donataire de feu M. Laffon, succenteur.

(1) Au bourg du Roi, maison Gairaud, 17 juin 1676.

Confrérie des Dames de la Miséricorde

L'objet principal de l'œuvre de la Miséricorde était de secourir deux sortes de personnes : les pauvres honteux et les artisans travailleurs de terre et autres qui, n'étant pas assez pauvres pour se faire porter à l'hôpital, n'avaient pourtant pas assez de moyens pour subvenir aux nécessités et aux dépenses d'une longue maladie. L'œuvre de la Miséricorde leur donnait le bouillon et les médicaments, leur procurait le linge, fournissait le pain et la viande à ceux qui servaient les malades. Elle prodiguait des soins analogues aux prisonniers pauvres.

L'œuvre n'avait point de bâtiments, et elle n'en avait pas besoin, parce que, relativement à son objet, les secours qu'elle distribuait étaient portés aux malades dans leur maison, et aux prisonniers dans la geôle.

Ses revenus, procédant de donations, de legs pies, d'aumônes, de rentes sur des particuliers, s'élevaient à une somme d'environ deux mille six cents quatre-vingt-cinq livres (1).

Le bureau d'administration qui réglait et dirigeait toutes les affaires de la confrérie avait pour président l'évêque, et en son absence, son vicaire général, et comme recteurs les quatre curés de la ville. On y appelait les dames de la confrérie qui étaient en charge.

Celles qui se consacraient à cette œuvre étaient des personnes charitables tenant un rang élevé dans la ville. Tous les ans, on élisait parmi elles une supérieure et une trésorière. Celle-ci percevait tous les revenus, faisait toutes les

(1) Archives municipales. Etat dressé en 1759.

dépenses et rendait un compte annuel. Tous les actes étaient passés au nom de la supérieure.

Le service particulier était fait par les Filles de la Charité. Elles avaient un logement uniquement destiné pour elles et faisant partie de leur dotation. Elles se rendaient à domicile, préparaient le bouillon, apportaient les remèdes, distribuaient et administraient le tout aux malades.

Par acte du 11 août 1774 (1), M. Georges d'Audéard, baron de Preignes, conseiller magistrat en la sénéchaussée et siège présidial de Béziers, abandonna, pour secourir les pauvres honteux, par donation entre-vifs, à la confrérie de la Miséricorde des contrats à constitution de rente évalués à la somme d'environ vingt mille livres, à lui venus de l'hérédité de M. Louis-Philippe Empis, directeur de la poste aux lettres de Béziers.

A l'époque de la grande Révolution, cet établissement fut abandonné ; ses revenus ne reçurent plus leur première destination, et les Filles de la Charité au nombre de quatre furent privées de soulager l'indigence. La loi du 7 frimaire an V (29 novembre 1796) rétablit les bureaux de bienfaisance et les Filles de la Charité furent de nouveau appelées à faire le service des pauvres, et elles continuent encore.

Œuvre du Refuge ou Bon Pasteur

Bornons-nous à mentionner cette œuvre dont l'histoire a été déjà racontée (2).

(1) Archives hospitalières. Acte du 11 août 1774 reçu par Me Boucar, notaire, cahier de quatre feuillets sur parchemin.

(2) Bulletin de la Société Archéologique, T. 13, 1re livraison, page 95.

RÉSUMÉ

COUVENTS D'HOMMES

Dominicains ou Frères Prêcheurs.
Frères Mineurs.
Pères de la Mercy.
Jésuites.
Minimes.
Carmes.
Ermites de Saint-Augustin.
Capucins.
Prêtres de la Mission.
Chanoines de Saint-Aphrodise.
Chanoines réguliers de Sainte-Geneviève.
Chanoines de SS. Nazaire et Celse.
Chapelains du Saint-Esprit.
Templiers et Hospitaliers.
Antonins.

COUVENTS DE FEMMES

Sainte-Claire.
Saint-Esprit.
Sainte-Ursule.
Sainte-Marie.
Religieuses Hospitalières.
Filles de la Charité.

LES CONFRÉRIES

SOCIÉTÉS D'HOMMES

Pénitents Minimes.
Pénitents de la Miséricorde.
Pénitents Rouges.
Pénitents Bleus.
Pénitents Noirs.
Pénitents Gris.
Pénitents Blancs.
Pèlerins.
Confrérie du Sainte-Sacrement.
Congrégation d'Artisans.

ASSOCIATIONS DE FEMMES

Congrégation de Saint-Elisabeth.
Sœurs du Tiers-Ordre de Saint-François.
Confrérie de Notre-Dame des Suffrages.
Confrérie des Dames de la Miséricorde.
Œuvre du Refuge ou Bon Pasteur.

Béziers, imprimerie Générale, Sap!e et Chavardès, rue d'Envedel, 18.

www.ingramcontent.com/pod-product-compliance
Ingram Content Group UK Ltd.
Pitfield, Milton Keynes, MK11 3LW, UK
UKHW021130220726
13924UKWH00004B/1994